HISPANIC STAR

EN ESPAÑOL

PEDRO PASCAL

SERIE HISPANIC STAR

Lee sobre los íconos hispanos y latinos, los héroes innovadores que han forjado nuestra cultura y el mundo en esta fascinante serie de biografías para lectores jóvenes.

Si puedes verlo, puedes serlo.

~ � HISPANIC STAR ~

EN ESPAÑOL

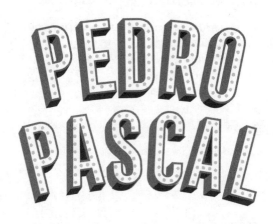

PEDRO PASCAL

CLAUDIA ROMO EDELMAN
Y **KARLA ARENAS VALENTI**

TRADUCIDO POR **NATHALIE ALONSO**

ILUSTRADO POR **MARCELO BAEZ**

ROARING BROOK PRESS

NUEVA YORK

*Para mi madre, que perdió la batalla contra
el COVID, pero cuyos valores viven cada día en mí. Soy
quien soy, porque ella fue mi mejor ejemplo.*

*Para mi esposo Richard y mis hijos, Joshua
y Tamara, que me rodean con su amor, fe
y apoyo. Ellos hacen que todo sea posible.*

*Más que nada, esta serie va dedicada a los niños
del mañana. Sabemos que tienen que verlo antes para
poder serlo luego. Nuestro deseo es que estos héroes
latinos les enseñen a desplegar sus alas y volar.*

—C. R. E.

Para todos los que recorren el trayecto del héroe.

—K. A. V.

Published by Roaring Brook Press
Roaring Brook Press is a division of Holtzbrinck Publishing Holdings
Limited Partnership
120 Broadway, New York, NY 10271 • mackids.com

Written by Claudia Romo Edelman and Karla Arenas Valenti.
Translated by Nathalie Alonso.
Illustrated by Marcelo Baez.

Our books may be purchased in bulk for promotional, educational, or business use.
Please contact your local bookseller or the Macmillan Corporate and Premium
Sales Department at (800) 221-7945 ext. 5442 or by email at
MacmillanSpecialMarkets@macmillan.com.

Library of Congress Cataloging-in-Publication Data is available.

First edition, 2025
Book design by Julia Bianchi
Printed in the United States of America by Lakeside Book Company,
Crawfordsville, Indiana

ISBN 978-1-250-33913-3
10 9 8 7 6 5 4 3 2 1

CAPÍTULO UNO

LA HISTORIA DEL ORIGEN

"Siempre hay una manera.
Cuando las probabilidades son imposibles,
haz lo imposible".

—SUPERMÁN, ACTION COMICS
(VOL. 2) #14

El año es 1978 y Pedro Pascal, de casi cuatro años, está haciendo fila con su familia para ver *Supermán*. El público en San Antonio, Texas, comparte su regocijo. Al fin y al cabo, esta es una de las películas más esperadas del año, con efectos visuales novedosos y un guion emocionante que establecerá varios récords de la industria durante su lanzamiento en la semana antes de la Navidad.

Pero la emoción de Pedro no se debe solamente a lo genial que es la película que están a punto de ver. Se debe al papel que juegan las películas en su vida en general.

A Pedro le *fascinan* las películas (una fascinación que se convertirá en una pasión de toda la vida). Tan fuerte es su deseo de vivir las historias él mismo que durante su niñez fingirá que *realmente* las está viviendo, contándoles a sus amigos que estuvo en la película *Los muchachos perdidos* o interpretando en su imaginación al personaje de Christian Bale en *El imperio del sol*.

Afortunadamente, sus padres también son grandes aficionados al cine y la televisión. Consideran que es una excelente manera de que sus hijos aprendan sobre los Estados Unidos y su cultura. Así que se alegran de poder contribuir a la fascinación de Pedro por el cine.

Como refugiados chilenos que finalmente encontraron asilo en Texas, los padres de Pedro querían que sus hijos se adaptaran a su nuevo hogar, por lo que a menudo los llevaban al cine, con la intención de que absorbieran la "cultura popular estadounidense".

"Yo era como una esponja que absorbía todo eso", dijo Pedro en una entrevista con *Variety*. "Hasta cierto punto, eso me estaba formando literalmente".

De vuelta en el cine, se abren las puertas y entra la multitud. En el recinto con aroma a mantequilla, los espectadores especulan sobre la trama y hablan de Christopher Reeve, el actor que interpreta a Clark Kent (y su alter ego,

Supermán). La gente compra palomitas de maíz, refrescos y dulces.

Pedro y su familia entran al cine y encuentran los asientos perfectos. Las filas se llenan lentamente de expectativa y conversaciones exaltadas. Luego, las luces se atenúan y empieza la magia. El público contiene la respiración mientras la pantalla proyecta la escena inicial que representa la inminente destrucción del planeta Krypton.

En la película, Jor-El y su esposa Lara están desconsolados ya que su planeta pronto llegará a su final. Desesperados por hacer lo que sea para garantizar la seguridad de Kal-El, su hijo, acceden a colocar al bebé en una nave espacial y mandarlo a un planeta cercano. En una escena dramática, la astronave puntiaguda se estrella contra la Tierra, dejando una profunda zanja en las tierras de cultivo de la familia Kent.

La pareja de agricultores que descubre al niño lo cría como su hijo, Clark, y así empieza el cuento legendario de un niño que con el paso del tiempo se convertirá en un superhéroe y en un personaje reconocido por todos.

Pedro observa, sin parpadear, sin saber que la historia icónica que está presenciando se parece a la historia de su propio origen.

Como Jor-El y Lara, los padres de Pedro tuvieron que

tomar una decisión muy difícil cuando Pedro era un bebé y, como Clark Kent, Pedro tuvo que empezar una nueva vida en otras tierras. Él también encontrará una familia (en su caso, compuesta de amigos de toda la vida) que lo ayudará a alcanzar las estrellas (a veces haciendo el papel de héroe y a veces, el de "villano"). Finalmente, como Supermán, Pedro Pascal se convertirá en un personaje famoso en todo el mundo.

Pero eso sucederá muchos, muchos años más tarde.

De vuelta en San Antonio, en diciembre de 1978, Pedro está completamente inmerso en la saga en desarrollo de una estrella en ascenso. Deseoso de no perderse nada, ha esperado hasta el último momento antes de correr al baño.

Pedro sale como un bólido de la sala de cine y se apresura a ir al baño, para luego salir de allí "más rápido que una bala" y regresar a su asiento.

¡Pero ocurre algo terrible!

Lamentablemente, en el laberinto de salas de cine, Pedro pierde la noción de en qué sala están poniendo su emocionante película —la de los láseres, los superpoderes y los efectos especiales—, y en lugar de entrar a la sala correcta termina en una donde están proyectando un drama sobre un caso de divorcio. Aunque esta película también tiene sus héroes y villanos, no son los que Pedro esperaba. Confundido y sumamente decepcionado, se hunde en uno de los asientos y se queda dormido.

Cuando su familia por fin lo encuentra, la película *Supermán* ha terminado. Emocionada, la hermana de Pedro le cuenta todo lo que se perdió: los desafíos que enfrentó Clark a medida que aprendía a vivir en una nueva tierra, el drama de descubrir quién era realmente y las complicaciones que conllevaba ser esa persona. Cuando termina de hablar, Pedro le responde con calma: "Todo eso también pasó en mi película".

¿DÓNDE ESTÁ CHILE?

CHILE es un país de Sudamérica. Según algunas teorías, el nombre proviene de la palabra *chili* del idioma mapuche, que significa "donde termina la tierra". Es una imagen apropiada, ya que Chile es una larga franja de tierra flanqueada por el océano Pacífico por un lado y Perú, Bolivia y Argentina por el otro. La capital de Chile es Santiago.

Debido a la longitud del país, este posee una gran diversidad de climas, desde el desierto de Atacama (el desierto más seco del mundo) al norte hasta glaciares en el sur, con climas mediterráneos y tropicales en el centro. También es una franja de tierra con una gran actividad sísmica, donde ocurren erupciones volcánicas, tsunamis, riadas, sequías y terremotos. De hecho, el terremoto de más larga duración que se ha registrado ocurrió en Chile. ¡Duró aproximadamente diez minutos!

Los chilenos a veces se refieren a su país como "el país de los poetas", ya que Chile es el país de origen de muchos poetas y escritores de renombre mundial, incluyendo a Gabriela Mistral, la primera latinoamericana en recibir el Premio Nobel de Literatura; Pablo Neruda, cuya extensa obra es conocida en todo el mundo; e Isabel Allende, una novelista famosa y prima del presidente Salvador Allende. ¡También es el lugar de nacimiento de Pedro Pascal y de varias especies de pingüinos!

Y, de alguna manera, el drama de descubrir quién es uno realmente continuó desarrollándose en la vida de Pedro a partir de ese momento. Porque Pedro Pascal no es ajeno a los desafíos de aprender a adaptarse a una vida nueva e inesperada, al drama que conlleva la inseguridad y a las complicaciones de convertirse en toda una personalidad.

José Pedro Balmaceda Pascal nació el 2 de abril de 1975 en Santiago, Chile.

En aquel entonces, Chile estaba bajo el mando de Augusto Pinochet, un violento dictador que había derrocado al presidente anterior, Salvador Allende, quien había sido elegido democráticamente. Luego de tomar el control del Gobierno, Pinochet permanecería en el poder durante casi diecisiete años, al mando de un régimen que fue severo y aterrador para muchos de los ciudadanos.

Pinochet comenzó su carrera como un soldado disciplinado, pero terminó frustrándose con la ideología política de Salvador Allende, quien buscaba reestructurar la sociedad chilena desde una perspectiva socialista. Allende tenía grandes planes para reformar el sistema de salud, la agricultura y la educación con el fin de alcanzar una mayor igualdad social y económica en el país.

Sin embargo, por muy buenas que fueran sus intenciones,

las políticas de Allende no tuvieron los resultados que él esperaba. A principios de la década de 1970, el país se vio sumido en una crisis económica causada por el aumento de la inflación y la escasez de alimentos, lo que provocó huelgas generalizadas y disturbios internos.

En 1973, el teniente coronel Roberto Souper orquestó un golpe de Estado, que es un intento de tomar el poder derrocando ilegalmente al Gobierno. Souper fracasó, pero alarmó a Allende, quien se dio cuenta de que necesitaba que la policía nacional lo protegiera contra otro posible intento de golpe de Estado.

Allende designó al general Carlos Prat como ministro de Defensa. Menos de un mes después, el general Prat renunció, y Augusto Pinochet lo reemplazó como comandante en jefe del Ejército. Dieciocho días después, Pinochet encabezó otro golpe de estado contra Allende, el cual fue exitoso y resultó en el derrocamiento del Gobierno y el fallecimiento del presidente.

Pinochet tomó el poder en 1973 y fue presidente de Chile hasta 1990. Al principio, sus políticas contaban con el apoyo de muchos ciudadanos. Pero a la larga, la gente se alarmó ante la brutalidad del Gobierno de Pinochet y las muchas violaciones a los derechos humanos que estaba cometiendo. Esta vez, el país cayó en otro tipo de crisis en la que el pueblo chileno vivió un periodo de gran temor y sufrimiento bajo la dictadura de Pinochet.

Entre quienes sufrieron a manos de Pinochet estuvo la familia Balmaceda Pascal. Los padres de Pedro, José Balmaceda Riera y Verónica Pascal Ureta, eran personas con un alto nivel de educación y tenían títulos universitarios. Pero en 1975, no eran más que una joven pareja que empezaba su vida y no estaba de acuerdo con el Gobierno de Pinochet.

"No diría que mis padres fueran revolucionarios en absoluto", compartió Pedro en una entrevista con el podcast *SmartLess*. No obstante, según explicó en Reddit, "mucha gente que expresaba sus opiniones estaba desapareciendo y se hallaba en peligro; se vivió un clima muy intenso durante muchos años".

Además, ciertos vínculos familiares y un evento muy lamentable puso a la familia en una situación bastante precaria.

Verónica, la madre de Pedro, tenía un primo que era sobrino de Salvador Allende. Andrés Pascal Allende fue uno de los primeros líderes del Movimiento de Izquierda Revolucionaria. Él y otros miembros del movimiento de la resistencia se oponían a Pinochet y a su "reino chileno del terror". Eso significaba que, aunque Verónica no estuviera involucrada con el grupo ni con sus actividades, el Gobierno

¿QUÉ ES UN DICTADOR?

Los países pueden tener distintos sistemas de gobierno. Por ejemplo, algunos países son gobernados por un monarca, una persona que toma decisiones para el país. (Una persona suele convertirse en monarca al heredar el título a través de su familia). Otros países tienen una persona a cargo del país, usualmente un presidente que gobierna con la ayuda de otras instituciones. En la mayoría de los casos, existen reglas y sistemas que se aseguran de que una sola persona no tenga todo el poder porque eso puede llegar a ser muy peligroso.

Un DICTADOR es una persona que tiene un poder político total e ilimitado sobre un país. A menudo, los dictadores toman el poder mediante un golpe de Estado, derrocando al Gobierno anterior por la fuerza. Por lo general, ya que los dictadores tratan siempre de mantenerse en el poder, descuidan los derechos y deseos de sus ciudadanos, especialmente cuando estos no coinciden con sus propios deseos. En el siglo xx surgieron muchas dictaduras en América Latina a medida que los países luchaban por gobernarse a sí mismos tras liberarse del dominio colonial español.

de Pinochet vigilaba de cerca a las familias de todos los que participaban en el movimiento revolucionario.

Un día ocurrió un incidente desafortunado cuando el padre de Pedro hacía la residencia médica en un hospital local de Santiago. Sin querer, José se vio involucrado en una situación que tendría consecuencias drásticas y cambiaría la vida de la joven familia.

Pedro relató la historia de su familia en el podcast *SmartLess*; explicó cómo la víctima de una balacera fue llevada a su casa, donde a su padre se le pidió que atendiera la herida. José y Verónica también aceptaron esconder a la víctima de las autoridades.

En un giro trágico, la víctima fue descubierta, "arrestada y torturada" para que diera información.

De un momento a otro, la familia de Pedro se convirtió en un blanco del Gobierno de Pinochet.

"Vinieron a buscar a mis padres, y por esa razón se tuvieron que esconder", dijo Pedro en la entrevista.

Dadas las dificultades de cuidar a niños pequeños mientras huían de las autoridades, enviaron a Pedro, quien tenía cuatro meses, y a su hermana mayor, Javiera, a vivir con su tía. Sus padres permanecieron escondidos durante seis meses e idearon un plan.

Era un plan que parecía sacado de una película, y no muy diferente al que Jor-El y Lara elaboraron en *Supermán*.

El día en que se iba a poner en marcha el plan, Pedro (que no tenía ni un año de nacido), Javiera y sus padres se escabulleron silenciosamente por la ciudad. Con sumo cuidado, mirando hacia atrás en todo momento y atentos a cualquier señal de persecución, la familia se dirigió a la embajada de Venezuela en Santiago, Chile. ¡No fue una hazaña sencilla, ya que las autoridades aún los estaban buscando!

Cuando llegaron a la embajada, esperaron entre las sombras hasta que los guardias cambiaron de turno y luego rápidamente treparon por el muro y se colaron en la embajada venezolana. Una vez que estuvieron dentro, solicitaron asilo.

La familia finalmente recibió asilo en Dinamarca y luego en los Estados Unidos, donde se mudaron a San Antonio, Texas, para comenzar una nueva vida en una tierra extranjera.

Imagínate el miedo que deben de haber sentido los padres de Pedro al tener que dejar todo lo que tenían y conocían, sus familiares y su hogar, y marcharse a un nuevo país al que nada los arraigaba y donde no tenían ni amistades ni conexiones que los ayudaran a salir adelante.

EL ASILO es una protección que se les concede a los inmigrantes que huyen de sus hogares. Muchas personas viven en países donde corren peligro a causa de las malas políticas gubernamentales, el racismo, la persecución religiosa o de nacionalidad, la disidencia política, la guerra u otras razones. El asilo les permite a esas personas vivir en un país seguro y tener el derecho de permanecer en él sin el temor de ser enviadas de vuelta a un país peligroso. Sin embargo, obtener asilo no es un proceso fácil, y este no se suele conceder a menudo.

En una ocasión le preguntaron a Pedro si alguna vez había considerado convertir su desgarradora historia en una película. "No", dijo Pedro simple y llanamente, aunque reconoció que la película *Desaparecido* (*Missing*) de 1982, basada en la desaparición de una periodista estadounidense en Chile durante el mandato de Pinochet, lo había impactado profundamente debido a la experiencia que vivió su familia.

"Dejó una huella muy profunda en mi mente por lo mucho que podía relacionar la historia con la experiencia de mis padres", le dijo a *SmartLess* sobre la película. "Mi mamá era chiquita y hermosa como [la estrella de *Desaparecido*] Sissy Spacek... Pienso en esto ahora, en mi madurez, en lo extraño que es recibir información de esa manera a través del cine y relacionarla con la experiencia de mis padres que [en ese entonces] comparten conmigo… simplemente no hablábamos de eso".

Aun así, Pedro es consciente del sacrificio que hicieron y del valor que necesitaron para hacerlo. "Fueron muy valientes, y sin ellos no estaría aquí en este maravilloso país", les diría más adelante a los fans durante un monólogo en el programa *Saturday Night Live*.

Pero en la década de 1980, para el joven Pedro Pascal, San Antonio era el lugar ideal para vivir. Con una gran población hispana arraigada a su cultura y sus raíces, asimilarse a este nuevo país sería mucho más fácil que tratar de echar raíces en Dinamarca.

Pasarían otros siete años antes de que Pedro y su familia pudieran regresar a Chile.

¿QUÉ ES DINAMARCA?

El reino de DINAMARCA es un bello país escandinavo en el norte de Europa. Está compuesto por 444 islas, la mayoría de las cuales no están habitadas. La capital de Dinamarca, Copenhague, se encuentra en una de las islas más pobladas. Un dato curioso sobre Copenhague: más del 50 % de los habitantes de la ciudad va al trabajo en bicicleta todos los días (¡muchos lo hacen incluso en invierno!). Los habitantes de Copenhague recorren un promedio de casi tres kilómetros diarios en bicicleta, pero nunca tienen que subir cuestas porque Copenhague está situada en un terreno llano. Otro dato curioso es que el LEGO fue inventado por un danés, Ole Kirk Christiansen, quien estableció su negocio de producción de juguetes en la ciudad de Billund en 1932.

CAPÍTULO DOS

LA FAMILIA ELEGIDA

**"Serás distinto,
a veces te sentirás marginado,
pero nunca estarás solo".**

—JOR-EL, *SUPERMÁN REGRESA*

En Texas, la familia de Pedro empezó a establecerse rápidamente. "A mis padres les encantaban los Estados Unidos", dijo Pedro en una entrevista con el *Los Angeles Times*. Su padre los llevaba a él y a Javiera a juegos de baloncesto de los Spurs durante la semana si terminaban sus tareas. Iban al cine lo más a menudo posible, alimentando lo que sería una pasión de toda la vida por el cine y el teatro. Pedro también se convirtió en un nadador competitivo. Hizo muchos amigos y se compenetró con su nueva comunidad.

Fue muy feliz en San Antonio y aún recuerda esa época de su vida con alegría.

"Realmente me encantaba", dijo Pedro en su entrevista con *Variety*. "San Antonio, para empezar, es muy, muy multicultural. En realidad, todo Texas lo es. Siendo sudamericano, aunque somos muy diferentes unos de otros, sigue habiendo una gran conexión entre los miembros de la comunidad latina".

Sin embargo, todo eso cambiaría muy pronto cuando su familia se mudó una vez más. Esta vez a Orange County, California.

Pedro tenía once años en aquel entonces y se le hizo difícil adaptarse. Como muchos estudiantes de enseñanza media, sentía que no encajaba con los demás niños. "Fueron dos años muy, muy difíciles", dice. "Mucho acoso".

Para sobrellevar la situación, se concentraba en leer guiones y ver películas clásicas. A menudo escapaba de la realidad cotidiana representando escenas de sus guiones cinematográficos favoritos.

Aunque la mayoría de las veces esta era una táctica escapista efectiva, a veces su pasión por la actuación llegaba demasiado lejos y lo metía en problemas.

Por ejemplo, después de ver la película *Los cazadores del arca perdida*, Pedro quiso recrear una de las escenas. Según lo que le describió a *Interview Magazine*, quitó las sábanas de su cama y las amarró, usándolas para trepar por el lado de su casa. Desafortunadamente, aunque Indiana Jones es capaz de salir ileso de muchas acrobacias escalofriantes, en la vida real estas no siempre funcionan. Cuando la soga improvisada de Pedro se desenredó, cayó y se fracturó el brazo izquierdo.

En otra ocasión, Pedro estaba montando a caballo y quería galopar lo más rápido posible como Indiana Jones. Esta vez, fue lanzado del caballo, ¡y se volvió a fracturar el brazo izquierdo!

Sin embargo, nada de eso lo hizo abandonar su sueño de convertirse en una estrella, y poco después de graduarse de la escuela de enseñanza media, el sueño de Pedro de ser actor estuvo un paso más cerca de convertirse en realidad.

Como le relató a la revista *Orange Coast*: "Mi familia vivía en Newport Beach, así que tuve que trasladarme de distrito escolar [para asistir a la Orange County School of the Arts, que en ese entonces estaba en Los Alamitos]. Había muchos niños de diferentes distritos, por lo que compartíamos los viajes en auto. Recuerdo que había un lugar designado para bajarse en el estacionamiento de South Coast Plaza. Me sentaba con mis padres y esperaba a que me recogieran. Cuando obtuve mi licencia de conducir, mis padres sintieron un gran alivio".

El programa de secundaria le dio a Pedro la oportunidad de llevar su obsesión por las artes dramáticas a un nivel completamente nuevo. Y prosperó.

Durante su último año de secundaria, un amigo de su madre tenía entradas para una función de *Angels in America*, que se presentaba en el centro de Los Ángeles. Desafortunadamente, el amigo de Verónica sufrió un pequeño accidente y no pudo asistir. Así que le ofreció las entradas a Pedro, quien las aceptó con gusto y fue en su lugar.

El día de la presentación, Pedro salió temprano de la escuela para asegurarse de tener suficiente tiempo para conducir hasta el teatro y no perderse ni un solo segundo de la obra. "Y [la experiencia] me cambió", le confesó a *Variety*. Le demostró que la carrera como actor era posible, que su sueño no tenía que ser solo un sueño.

Tras graduarse de la escuela secundaria en 1993, Pedro continuó haciendo lo que le dictaba el corazón y desarrollando su talento al matricularse en la Escuela de Artes Tisch de la Universidad de Nueva York. La Escuela de Artes fue fundada en 1965 y desde entonces es uno de los principales centros del país para la formación profesional en artes cinematográficas, escénicas y de medios emergentes. Personas de todo el mundo vienen a esta escuela a estudiar actuación, danza, estudios cinematográficos, diseño de escenarios, cine y televisión, teatro musical interactivo y hasta diseño de videojuegos. ¡Era una excelente oportunidad para Pedro!

ESCUELAS DE TEATRO EN LOS ESTADOS UNIDOS

Además de la Escuela de Artes Tisch de la Universidad de Nueva York hay varias escuelas y programas de arte dramático excelentes en los Estados Unidos para estudiantes a los que les apasiona la actuación. Según *The Hollywood Reporter*, entre los programas más famosos se encuentran el de la Escuela Juilliard en Nueva York, la Escuela de Teatro David Geffen de la Universidad de Yale en Connecticut, la Escuela de Artes de la Universidad de Carolina del Norte, el Departamento de Teatro y Baile de la Universidad de California, San Diego, la Escuela de Arte Dramático de la Universidad Carnegie Mellon en Pittsburgh, Pensilvania, el Departamento de Artes Teatrales y Estudios de Actuación de la Universidad de Brown en Rhode Island y la Escuela de Teatro, Cine y Televisión de la Universidad de California, Los Angeles (UCLA). Entre los latinos que se han graduado de algunas de estas escuelas se encuentran Morena Baccarin, Lupita Nyong'o, Jorge Huerta, Rhys Coiro, Rita Moreno, Robert Beltrán y Moctesuma Esparza.

Por supuesto, una vez que Pedro fue admitido en Tisch, tuvo que dejar a su familia y su hogar en California para mudarse a la ciudad de Nueva York. Afortunadamente para él, mudarse y empezar de cero no era nada nuevo.

Aunque mudarse siempre conlleva una serie de desafíos, para entonces Pedro había desarrollado algunas habilidades importantes que lo ayudarían a adaptarse a su nueva vida. No ha de sorprender que estas habilidades fueran muy similares a las que su icónico héroe, Supermán, había aprendido en su propio viaje de autodescubrimiento.

Pedro era amigable, encantador y carismático, rasgos que ha mantenido de adulto y que le han ganado el cariño de millones de personas. Al principio, Pedro no conocía a nadie en Nueva York, pero no demoró mucho en hacer amigos. Luego, sus nuevos amigos le presentaron a *sus* amigos y, en poco tiempo, ya no se sentía solo.

Al igual que Clark Kent, Pedro había encontrado una familia entre un grupo de extraños.

Mientras sus padres y hermanos seguían en California, Pedro estableció un estrecho vínculo con un grupo de amigos que había hecho en Nueva York, que se convirtieron en su "familia elegida" y que le ofrecieron un apoyo invaluable durante todo lo que estaba por venir.

Un evento en particular cimentó su amistad con una

muchacha joven que desde entonces ha jugado un papel fundamental en la vida de Pedro: Sarah Paulson.

Sucedió una tarde de 1993, cuando Pedro y un grupo de amigos fueron a ver *Sin miedo a la vida* (*Fearless*), una pelí-

SARAH PAULSON

Nacida en 1974 en Tampa, Florida, Sarah Paulson comenzó a trabajar como actriz en cuanto terminó la escuela secundaria, debutando en Broadway en 1994 y apareciendo en el programa de televisión *American Gothic* en 1995. Desde entonces, Sarah ha protagonizado varias obras de Broadway, series de televisión y películas. Al momento de escribir esto, Sarah ha sido nominada para los Premios Emmy en nueve ocasiones, además de haber sido nominada cuatro veces para los Premios Globo de Oro y dos veces para los Premios del Sindicato de Actores de Cine. Es la ganadora de un premio Primetime Emmy, un Globo de Oro y un Tony. En 2017, la revista *TIME* la incluyó en la lista de las cien personas más influyentes del mundo, "a la vanguardia de una generación de mujeres que está cambiando el panorama de la industria del cine y la televisión". Por cierto, la revista *TIME* también incluyó a Pedro Pascal en la lista de las personas más influyentes del mundo en 2023, ¡y Sarah tuvo la oportunidad de escribir el texto sobre él!

cula sobre un sobreviviente de un accidente de avión que experimenta un cambio dramático en su personalidad luego del evento traumático. Fue una película muy conmovedora y, como Pedro relató en *Interview Magazine*, recuerda estar sentado en el cine, junto a sus amigos, todos llorando.

Después de la película, caminaron hacia el parque, donde Pedro vio una cara conocida, no porque conociera a la persona, sino porque la había visto en películas. Pedro lo volvió a mirar y lo confirmó: "¡Es Woody Harrelson!".

WOODY HARRELSON

Woodrow "Woody" Tracy Harrelson es un actor estadounidense nacido en 1961 en Midland, Texas, y criado en Lebanon, Ohio. El papel que lo catapultó a la fama fue el de Woody en la serie de televisión *Cheers*, que se emitió durante casi diez años y se convirtió en uno de los programas más populares de esa época. Woody ganó un Emmy por su actuación, lo que impulsó su carrera, la cual ha abarcado una gran variedad de géneros. A través de sus múltiples interpretaciones se ha ganado el reconocimiento mundial, y ha sido nominado para los Premios Emmy en diez ocasiones, además de recibir tres nominaciones para los Premios Oscar, una para los Premios BAFTA,

La mayoría de los amigos de Pedro ni siquiera sabía quién era esa persona famosa, pero una amiga compartió su emoción de fan deslumbrado: Sarah Paulson. Y ese momento —en el que establecieron una conexión a través de su admiración compartida por Woody Harrelson— se convertiría en la piedra angular de su amistad de toda la vida. Pero no sería la única experiencia intensa que los dos amigos compartieron ese día.

Después de su emocionante recorrido por el parque, Pedro y sus amigos echaron una carrera por las calles, riéndose y tratando de alcanzarse unos a otros. Pedro se encaramó en los hombros de alguien y comenzaron a correr. De repente, apareció un taxi y ¡se estrelló contra ellos!

"Creo que cuando [a dos personas] las atropella un taxista y ven a Woody Harrelson y *Sin miedo a la vida* todo en un mismo día, están destinadas a estar unidas de por vida o nunca más se vuelven a ver", dijo Sarah en una entrevista que hizo con Pedro para *Interview Magazine*.

Más de treinta años después, Pedro y Sarah siguen

siendo amigos. De hecho, son *mejores amigos* y cada uno ha seguido jugando un papel importante en la vida y el éxito profesional del otro. ¡Un éxito que ha sido muy arduamente ganado!

Pero a principios de los años noventa, cuando era un joven estudiante de teatro, el aspirante a actor sabía que la única forma de realmente alcanzar las estrellas sería gracias a una tenacidad y una determinación inquebrantables.

En consonancia con el consejo que recibió el joven Clark Kent —"No se trata de dónde naciste. Ni de qué poderes tienes. Ni de lo que llevas en el pecho. Se trata de lo que haces… Se trata de la acción"—, Pedro comprendió que no lograría realizar su sueño confiando solamente en la suerte o la fortuna. Dependía de lo que él hiciera para alcanzarlo. Tendría que arremangarse y trabajar duramente para aprender lo más posible, aprovechar cada oportunidad que se le presentara y trabajar mucho para cambiar su mundo.

Pero como suele ser el caso con las grandes citas, ¡era más fácil decirlo que hacerlo!

Durante esta época, a Pedro y sus amigos apenas les alcanzaba el dinero para pagar el alquiler y les costaba llegar a fin de mes. Sin embargo, salió en busca de todas y cada una de las oportunidades. Estaba dispuesto a hacer *cualquier cosa* que le permitiera dar ese primer paso dentro del sueño cinematográfico que había anhelado toda su vida.

Finalmente, su esfuerzo dio frutos, y en 1996 hizo su primera audición.

Hacer una audición puede ser algo muy estresante. Normalmente, tienes que interpretar una escena o actuar frente a un grupo de directores de reparto y sus asistentes, que están parados por todas partes comentando sobre tus habilidades como actor, cuán bueno eres (o no) y qué tan bien interpretas el papel (o no). Puede haber cientos de personas compitiendo por el mismo papel, y los directores de reparto siempre están buscando algo muy específico. Eso significa que, aunque seas un actor increíble, es posible que no te elijan para el papel.

Para triunfar, no solo necesitas nervios de acero y mucha confianza (además de ser un actor talentoso), sino que también debes tener fe en ti mismo, aunque parezca que nadie más la tiene.

La primera audición de Pedro fue para un papel en una

película de suspenso llamada *Las dos caras de la verdad* (*Primal Fear*).

Imagina la siguiente escena: llevas tres años trabajando sin parar para lograr lo que más quieres en el mundo. Estamos hablando de más de mil días de presentarte, tener esperanzas y perseguir tu sueño sin descanso. Luego, de un momento a otro, llega la oportunidad de tu vida, ¡y parece que tu sueño podría hacerse realidad!

Es difícil no imaginar lo nervioso que debió estar Pedro la noche antes de la audición. Se trataba de una película importante que llegaría al primer puesto en taquilla cuando se estrenara. El protagonista era un actor llamado Richard Gere, quien había aparecido en películas desde la década de 1970. Cuando fue seleccionado para el papel en *Las dos caras de la verdad*, Richard Gere ya había sido nominado a los Premios Globo de Oro en dos ocasiones. A Pedro finalmente le había llegado la oportunidad de jugar en las Grandes Ligas.

¡La audición era la gran oportunidad que Pedro venía buscando! Lamentablemente, también era la gran oportunidad que miles de otros actores buscaban, incluido el ahora internacionalmente aclamado actor Matt Damon, quien también participó en la contienda para obtener el papel y con quien Pedro se cruzaría muchos, muchos años después.

Al final, no le dieron a Pedro el papel (ni a Matt Damon

¿QUÉ SON LOS PREMIOS GLOBO DE ORO?

Desde 1944, todos los años la Asociación de la Prensa Extranjera de Hollywood (HFPA, por sus siglas en inglés) presenta los Premios Globo de Oro para reconocer "logros destacados" en el cine y la televisión durante el año anterior.

Los Premios Globo de Oro se otorgan en varias categorías. Los premios para el cine incluyen mejor película, mejor actor y mejor actriz, cada uno separado según el género, ya sea "drama", "comedia" o "musical". Los premios también reconocen los papeles secundarios, la dirección cinematográfica, el guion, la música, las películas animadas y las películas en lengua no inglesa. En 1962, Rita Moreno se convirtió en la primera artista latina en recibir un Globo de Oro por su papel secundario en West Side Story. Otros latinos que han sido reconocidos incluyen: Jimmy Smits, Benicio del Toro, Salma Hayek, América Ferrera, Gina Rodríguez, Gael García Bernal, Rachel Zegler, Ariana DeBose, Michaela Jaé Rodríguez, Zoe Saldaña, Guillermo del Toro y Aldonso Cuarón.

Los miembros de la HFPA votan para determinar la lista de nominados, y por lo general hay un solo ganador en cada categoría. Los ganadores de los Premios Globo de Oro reciben cada uno una estatuilla que consiste en un globo del mundo rodeado por una cinta de película.

tampoco). De hecho, el importante papel se lo ganó Edward Norton, quien luego recibiría un Globo de Oro a la mejor interpretación de un actor en un papel secundario en cualquier película por su actuación como Aaron Stampler.

"Me sobrepasó", confesó Pedro en *Interview Magazine*. "Hice la audición para ese [papel]. No lo conseguí y estuve desempleado durante unos diez años".

En realidad, no estuvo desempleado durante diez años, pero el desencanto de perder esa oportunidad fue fuerte. Además de su decepción, Pedro estaba pasando por algunos malos momentos en su vida personal que se estaban convirtiendo en una fuente de angustia para él.

En 1995, un gran jurado federal presentó cargos contra José Balmaceda por su participación en un incidente relacionado con la clínica de fertilidad donde trabajaba.

En la década de 1980, cuando la familia de Pedro vivía en California, el Dr. Balmaceda comenzó a trabajar en una clínica de fertilidad en la Universidad de California junto con el Dr. Ricardo Asch. Una clínica de fertilidad es una instalación médica que ofrece fertilización *in vitro* (entre otros servicios) a personas que no pueden tener hijos de manera natural.

El Dr. Balmaceda y el Dr. Asch desarrollaron una técnica innovadora que mejoraba las probabilidades de éxito de los procedimientos de fertilización *in vitro*. Desafortunadamente,

Una ACUSACIÓN no significa que la ley haya determinado que la persona acusada es culpable de cometer un delito y será castigada por ello. Más bien, significa que se llevará a cabo una investigación en la que un gran jurado revisará las pruebas presentadas en contra de la persona acusada y decidirá si hay suficiente evidencia para creer que ha cometido un delito. Si es así, entonces habrá un caso penal para determinar si la persona acusada es realmente culpable.

surgieron dudas sobre si los pacientes habían dado permiso para ciertos usos de su material biológico como parte de esos procedimientos.

Se trataba de una acusación muy grave que les provocó una gran angustia tanto a los pacientes como a la comunidad médica. Cuarenta pacientes demandaron a la clínica de fertilidad, y algunas de esas demandas fueron presentadas directamente contra el Dr. Balmaceda y el Dr. Asch. A medida que la situación escalaba, el padre de Pedro tomó la decisión de marcharse de los Estados Unidos y regresar a Chile. La mamá de Pedro y sus dos hermanos menores lo acompañaron.

"Fue una época de mucho temor", dijo Pedro en una entrevista con *La Tercera*. "Crecí con mi familia en los Estados Unidos, y de un día para otro, ya no tenía un hogar al que regresar. De repente, la idea del nido seguro había desaparecido. Me impactó mucho porque, en los años anteriores, daba por sentado la vida privilegiada que teníamos en California... Todo se sentía frágil".

Para peor, sus padres estaban pasando por un mal momento en su matrimonio, y finalmente se separaron después de regresar a Chile.

El Dr. Balmaceda volvió a practicar medicina y a proporcionar tratamientos de fertilidad en su país, donde por lo general era muy respetado por la comunidad médica. "Todo es muy normal en sus vidas", dijo Pedro sobre su

JAVIERA BALMACEDA PASCAL es la hermana mayor de Pedro. Nació en Chile en 1972, unos años antes que Pedro. El hermano de Pedro, Nicolás Balmaceda Pascal, no nació hasta 1987, y la integrante más joven de la familia, Lux Balmaceda Pascal, nació cuando Pedro ya tenía diecisiete años. A pesar de la gran diferencia de edad entre Pedro y sus hermanos más jóvenes (y el hecho de que vivieron en continentes distintos durante gran parte de su vida), los hermanos siempre han mantenido una relación estrecha que continúa hoy en día.

familia. "Siento un profundo sentido de agradecimiento y suerte por eso, y una gran tristeza por un capítulo tan injusto y horripilante que sigue sin recibir su debido y justo reconocimiento".

Aunque sin duda el regreso de sus padres y hermanos menores a Chile fue difícil para Pedro, él decidió permanecer en Nueva York y seguir luchando por su carrera como actor.

En 1997 Pedro se graduó de la Escuela de Artes Tisch y comenzó la siguiente fase de su vida.

CAPÍTULO TRES

INSEGURIDAD MALÉVOLA

**"A veces tienes que dar un salto de fe primero;
la confianza en ti mismo viene después".**

*—PADRE LEONE,
EL HOMBRE DE ACERO*

A diferencia de Pedro, Sarah Paulson venía encontrando trabajo como actriz con regularidad desde 1994. Hizo su debut en el cine en 1997 y, a medida que su carrera comenzaba a despegar, la meca del cine la llamaba.

"[Sarah fue] la primera de todos nosotros que comenzó a trabajar y nunca paró", dijo Pedro acerca de su mejor amiga. Fue una época muy emocionante para ella, y Pedro estaba encantado por su creciente éxito. Desafortunadamente, cuando Sarah se mudó a Los Ángeles, ambos perdieron el contacto, lo cual era de esperarse. Al fin y al cabo, Sarah estaba empezando una fase sumamente exigente en su nueva vida.

MECAS DE LA ACTUACIÓN EN LOS ESTADOS UNIDOS

En LA CIUDAD DE NUEVA YORK están dos de las escuelas de arte dramático de más renombre en los Estados Unidos y también ofrece muchas oportunidades para actores de teatro. Sin embargo, LOS ÁNGELES es el epicentro de la industria del cine y la televisión en los Estados Unidos. Es por eso que muchos actores se mudan a Los Ángeles cuando están listos para lanzar sus carreras de cine o televisión. Por supuesto, ambas ciudades tienen sus ventajas y desventajas.

Por un lado, Nueva York es una ciudad con una rica vida cultural donde siempre hay oportunidades para actuar y mejorar, ya sea realizando una lectura, participando en un taller, en una obra de teatro o en un proyecto de cine estudiantil. También hay muchas obras *off*-Broadway y teatros pequeños e improvisados en toda la ciudad. Además, varias series de televisión importantes se graban en la ciudad de Nueva York, como es el caso de la franquicia de *La ley y el orden* (*Law & Order*).

Por otro lado, es difícil superar el sol y las bellas playas de California. Los Ángeles está llena de estrellas, y es una ciudad donde se pueden hacer todo tipo de conexiones que pueden abrir muchas puertas. Para los actores que buscan la pantalla grande, no hay mejor lugar que la ciudad de Los Ángeles.

A pesar de su gran amistad, Sarah y Pedro tomaron rumbos distintos y no tendrían la oportunidad de reconectarse durante muchos años.

En Nueva York, Pedro ya tenía veinte y tantos años. Comenzó a "patear la calle" (una expresión que se refiere a caminar las calles a diario buscando algo, ¡en este caso trabajo!). Para ese entonces, tenía un agente de talento, lo que definitivamente era una gran ayuda.

En el mundo de la actuación, un agente de talento es una persona cuyo trabajo consiste en buscar audiciones y papeles que podrían ser adecuados para ti. Los agentes tienen muchas conexiones con personas de la industria y tienen conocimiento interno y experiencia para ayudar a los actores a encontrar el tipo de trabajo que buscan.

El agente de Pedro le encontró algunos *gigs* (una expresión en inglés que se usa en la industria para referirse a trabajos, normalmente de manera temporal o informal, que uno hace a petición). Y aunque Pedro consiguió algunos trabajos de este tipo aquí y allá, no eran ni remotamente suficientes para pagar sus gastos. Y eso se debe a que cuando eres actor, no recibes un salario fijo. Solo cobras por los pequeños trabajos que llegas a hacer. Entonces, si no tienes muchos *gigs,* no ganas mucho dinero.

TRABAJOS EN LA PRODUCCIÓN DE PELÍCULAS Y TELEVISIÓN

Además de los actores y sus agentes de talento, en la producción cinematográfica y televisiva intervienen otras personas, como son:

LOS PRODUCTORES: Un productor encuentra y proporciona financiamiento para una película o programa de televisión. Los productores ejecutivos también tienen aportes creativos y suelen colaborar con su equipo para reunir el talento creativo.

LOS DIRECTORES: Son los visionarios detrás de las películas y los programas de televisión, y están a cargo del proceso creativo de principio a fin. Gran parte de su trabajo consiste en brindar orientación e instrucción a todos los demás departamentos. El director toma decisiones sobre los aspectos artísticos y dramáticos de un proyecto, incluyendo la visualización del guion y la elección de los lugares de rodaje o locaciones. También brinda su opinión sobre el vestuario, los efectos especiales y prácticamente cualquier cosa que pueda afectar el aspecto general de la película o el programa.

LOS SHOWRUNNERS: Estos son escritores establecidos y productores ejecutivos de alto rango que trabajan en los programas de televisión. El *showrunner* es la persona que dirige el curso creativo de un proyecto televisivo.

EL ELENCO: Los actores pueden interpretar muchos tipos de papeles en una película. Algunos de ellos tienen papeles importantes, pero también hay actores de fondo (conocidos también como "extras") o hasta suplentes (miembros del elenco que pueden reemplazar temporalmente a un actor principal durante el rodaje para que el equipo técnico pueda preparar una escena antes de que se grabe).

LOS CAMARÓGRAFOS: Según lo explica Backstage.com, los camarógrafos son los responsables de la captura física de las imágenes en la cinta cinematográfica. Algunos directores también trabajan como directores de fotografía en el set de rodaje, creando la narración visual, incluidos los ángulos de cámara, la iluminación, el encuadre, los colores, los filtros, etc.

EL EQUIPO DE ILUMINACIÓN: Está compuesto por personas que trabajan con todo lo relacionado a la iluminación. Estas personas proveen las luces en el set de rodaje para crear los efectos deseados y necesarios para la película.

EL EQUIPO DE SONIDO: Este grupo maneja todo lo relacionado con el sonido, que incluye no solo la música de la película, sino también cualquier sonido que debe ser captado o transmitido (por ejemplo: las conversaciones, los sonidos de fondo, los sonidos de efectos especiales como el rugido de un dragón o hasta el silencio).

Otras personas o equipos que trabajan en la producción de cine y televisión incluyen a los escenógrafos (diseñan los escenarios); al departamento de vestuario, peluquería y maquillaje; a los especialistas o dobles (personas que reemplazan a un actor en escenas que el actor no quiere realizar o son riesgosas) y al equipo de efectos visuales; el servicio de alimentos (proporciona comida y agua al elenco y a todo el equipo de producción); y el servicio de transporte (se encarga de trasladar al elenco, a las personas que trabajan en la producción de la película o el programa y a los equipos de rodaje de un lugar a otro). Suele haber miles de personas involucradas en la producción de una película o un programa (¡basta que te quedes al final de una película y veas la larga lista de créditos!).

Como muchos antes que él (y muchos que llegaron después), Pedro Pascal estaba viviendo la conocida historia del actor en aprietos. Necesitaba encontrar otra fuente de ingresos, por lo que comenzó a trabajar como mesero.

"Diría que no era muy buen mesero", admitió Pedro en una entrevista con *Vanity Fair*. Por "muchas razones distintas. Si me caías bien, me caías bien. Si no, no. Y eso no necesariamente funcionaba si tenía un montón de clientes. Me despedían con frecuencia, cerca de diez veces".

Cuando aspiras a ser actor y te cuesta llegar a fin de mes,

todo el dinero que ganas, por poco que sea, cuenta. ¡Ser despedido diez veces no fue de gran ayuda!

Luego, para empeorar las cosas, en 1999 ocurrió otra tragedia.

La madre de Pedro, Verónica Pascal, murió inesperadamente.

"Siempre fue un apoyo increíble, nunca una madre exigente. Yo siempre sentía que ella sabía algo que yo desconocía", dijo Pedro acerca de su madre en una entrevista con *TODAY*. "Perder al ser más importante en tu vida, descubrir que algo así es posible y que lo que más temes en la vida sucede, es algo inexplicable y permanente. Hay un antes y un después de su muerte".

Pedro ha dado varias entrevistas en las que ha hablado sobre su tristeza a causa de esta pérdida, y está claro que fue una época muy dolorosa en su vida. Su madre era una persona inmensamente importante para él. "Era el amor de mi vida", dijo en una entrevista.

"Me duele mucho", confesó. "A veces me siento angustiado, y trato de superar la angustia lo mejor posible porque sé que eso es lo que mi madre querría... pienso en ella todos los días".

De hecho, la pena que sentía era tan profunda que Pedro decidió cambiarse el nombre en honor a su madre. Lo hizo poniéndose "Pascal", que era el apellido de su madre, como su primer apellido.

Casi al mismo tiempo que a Pedro se le partía el corazón por la pérdida de su madre, también cortó vínculos con su agente. No es difícil imaginar que este fue un momento muy duro en la vida de Pedro, el cual lo dejó sintiéndose vulnerable, solo e inseguro, al ver que su carrera parecía haberse detenido por completo.

Fue entonces cuando su familia elegida —como una liga de superhéroes— acudió a su rescate.

En muchas culturas latinoamericanas los niños tienen dos apellidos: primero el apellido del padre, seguido del apellido de la madre. Al elegir honrar a su madre priorizando su apellido, José Pedro Balmaceda *Pascal* se convirtió en Pedro *Pascal.*

Al poco tiempo de la muerte de Verónica, a principios de la década de 2000, Pedro se conectó nuevamente con Sarah Paulson, quien había comenzado a establecerse como una actriz seria y estaba trabajando en películas importantes y en espectáculos de Broadway, mientras que Pedro aún luchaba por conseguir *gigs* aquí y allá. Pero Sarah le tendió la mano. "Hubo veces en las que le daba el dinero que recibía para mis gastos diarios mientras realizaba un trabajo para que tuviera dinero para comer", reveló ella en una entrevista con *Esquire*.

"Morí muchas muertes", agregó Pedro al hablar sobre esa época tan difícil de su carrera. "Mi visión de la situación era que, si cuando cumpliera los veintinueve años aún no había logrado una gran visibilidad en mi carrera, terminaría con todo, por lo que reajustaba constantemente lo que significaba dedicar mi vida a [la actuación] y renunciar a la idea de que tendría una gran carrera como pensaba cuando era niño. Había muchas buenas razones para abandonar esa ilusión".

Dejar de creer en esa "ilusión" pudo haberse convertido en la kryptonita de Pedro, debilitando su determinación hasta que no tuviera más remedio que ceder a la inseguridad malévola que generalmente acecha a la sombra en nuestros sueños. Pero Pedro no abandonó su sueño y, por encima de todo, no cedió ante la inseguridad malévola.

Al igual que Supermán, que al final elige su propio destino, Pedro también eligió darle forma a su propia historia, confiar que con el tiempo su gran esfuerzo lo llevaría a donde quería llegar. Y fue la actitud indicada, porque poco después, ¡Pedro consiguió su primer papel importante!

El programa era *Buffy la cazavampiros* (*Buffy the Vampire Slayer*), un drama sobre una mujer destinada a matar vampiros y otros seres malignos.

"Estaba tan emocionado de actuar ahí", dijo Pedro en *Interview Magazine*, "sobre todo porque había personas que respetaba mucho, como mis mejores amigos y mi hermana, que estaban obsesionadas con el programa. ¡Obsesionadas!".

UN CLÁSICO DE CULTO

BUFFY LA CAZAVAMPIROS es una serie de televisión estadounidense en la que una joven llamada Buffy Summers es identificada como "la elegida" para enfrentarse a todo tipo de criaturas sobrenaturales, incluyendo vampiros, demonios y otras fuerzas malignas. Sin embargo, Buffy no quiere ser una cazadora, sino vivir una vida normal. A medida que avanza la serie, Buffy se da cuenta de que no puede escapar de su destino y, finalmente, acepta su papel.

La serie recibió elogios tanto de la crítica como del público. A menudo se la considera una de las mejores series de televisión, y se emitió durante siete temporadas, alcanzando cerca de seis millones de espectadores y seguidores de culto.

En la cuarta temporada del programa, Pedro tuvo la oportunidad de interpretar a Eddie, quien recién se había convertido en vampiro. Y dio en el clavo completamente, capturando el temor y la confusión del personaje a la perfección, a la vez que proyectaba una personalidad con muchos matices.

"[Desde entonces] me entregué al mundo de *Buffy*", le dijo Pedro a *Interview Magazine*. "Fue algo genial porque era el estreno de la cuarta temporada; Joss Whedon dirigió el episodio. Siempre muero. En todo. Hasta el día de hoy, después de todos estos años, aún muero".

A pesar de que su personaje muere en el programa, este resultó ser el salvavidas que Pedro necesitaba. Como compartió en una entrevista con *Entertainment Tonight*: "Me quedaban menos de siete dólares en mi cuenta y apareció un [ingreso] residual de *Buffy la cazavampiros* y me sacó de apuros y, literalmente, [fue] la razón por la que pude seguir adelante y no darme por vencido".

Parecía que las cosas estaban comenzando a cambiar, y finalmente tenía muchos motivos para estar entusiasmado.

Después de su éxito en *Buffy*, Pedro apareció en un episodio del programa *Touched by an Angel*, una serie de televisión sobre tres ángeles que son enviados desde el cielo para inspirar a personas cuyas vidas se encuentran en encrucijadas. También consiguió papeles pequeños en programas como *Policías de Nueva York* (*NYPD Blue*), *Sin rastro* (*Without a Trace*), *La esposa ejemplar* (*The Good Wife*), *Nurse Jackie* y otros.

Los papeles eran pequeños, pero los trabajos llegaban con más frecuencia: un episodio aquí, otro allá.

Aun así, faltaban muchos años para que llegara su gran oportunidad.

Avancemos al año 2005. Pedro tenía treinta años y había hecho su debut cinematográfico en la película *Hermanas*, un drama que transcurre durante un turbulento periodo político en Argentina. Se trata de dos hermanas que huyen de su país después de que desaparece el novio de una de ellas, quien estaba involucrado en la política. Una hermana se va a España y la otra a Texas. Fue un giro irónico del destino que el primer papel importante de Pedro en una película siguiera una trama parecida a sus experiencias.

Dicha película sería la primera de muchos de largometrajes que Pedro terminaría protagonizando con el tiempo. Pero en el 2005, el éxito era una esperanza lejana.

Pedro estaba trabajando en una producción *off-*Broadway de *Belleza del Padre* (*Beauty of the Father*) cuando conoció a otra persona que pronto se convertiría en un gran amigo de toda la vida, y que de hecho jugaría un papel impulsando la carrera de Pedro: Óscar Isaac, un estadounidense de primera generación que provenía de una familia de inmigrantes latinoamericanos.

"Tenemos experiencias muy parecidas", diría Pedro más adelante en un artículo de PS (antes POPSUGAR). "Ambos somos hijos de inmigrantes latinos, así que hay cierta familiaridad cultural, y al mismo tiempo los dos somos actores".

ÓSCAR ISAAC

Nacido en la Ciudad de Guatemala en 1979, Óscar Isaac Hernandez es hijo de madre guatemalteca y padre cubano. Su familia emigró a los Estados Unidos cuando él tenía cinco meses de nacido, y vivieron en varias ciuda-des —desde Baltimore, Maryland, hasta Nueva Orleans, Luisiana—, finalmente estableciéndose en Miami, Florida. Al igual que su amigo cercano Pedro Pascal, en 2016 Óscar fue incluido en la lista de *TIME* de las cien personas más influyentes del mundo. Entre sus reconocimientos se encuentran un Premio Globo de Oro y una nominación al Emmy. Temprano en su carrera, se destacó en varios papeles secundarios, pero su primer gran éxito llegó en 2013 cuando interpretó el papel de Llewyn Davis en el drama musical *Inside Llewyn Davis: Balada de un hombre común* (*Inside Llewyn Davis*) de los hermanos Coen. Poco después, Óscar se convirtió en un miembro destacado de la franquicia de *La Guerra de las Galaxias* con su interpretación de Poe Dameron en *La Guerra de las Galaxias: Episodio VII—El despertar de la fuerza* y las películas subsiguientes de la trilogía.

Al igual que Pedro, Óscar era un actor en apuros tratando de llegar a fin de mes.

"Tenemos los mismos sueños", continuó Pedro. "Es algo muy especial porque el camino puede ser solitario cuando estás allá fuera —suena ridículo— persiguiendo tus sueños".

Además de solitaria, en ocasiones su trayectoria debe de haber sido enormemente frustrante, decepcionante y desgarradora. "Encontrar familia en el camino", como dijo Pedro en una entrevista, refiriéndose a Óscar, debe de haberle parecido un obsequio.

Pedro y Óscar actuaron juntos en una obra de Broadway, en la que Óscar interpretaba el papel del fantasma del poeta Federico García Lorca.

Interpretar a un fantasma significaba que el público podía ver a Óscar, pero los otros actores (incluido Pedro) tenían que fingir que no lo veían. Era la oportunidad perfecta para que Óscar mostrara su sentido del humor, y a menudo fastidiaba a Pedro, tratando de hacerlo reír o que olvidara sus líneas en pleno escenario frente al público.

"Ese recuerdo es sombrío y maravilloso a la vez", rememoró Pedro en una entrevista. Sombrío porque seguramente a Pedro le resultaba difícil tratar de mantener la cara seria en esas circunstancias. Maravilloso porque marcó el principio de una amistad para toda la vida entre los dos actores.

FEDERICO DEL SAGRADO CORAZÓN DE JESÚS GARCÍA LORCA (mejor conocido como Federico García Lorca) es considerado uno de los mejores poetas y dramaturgos de España. A los 25 años conoció a un joven Salvador Dalí, quien más tarde diseñaría los decorados de una de las obras de teatro de Lorca y luego sería un artista famoso. Se decía que el fantasma del poeta aparecía en su hogar natal de Andalucía después de haber sido asesinado por un pelotón de fusilamiento durante la Guerra Civil Española.

Pedro y Óscar trabajaron juntos en el Manhattan Theatre Club, pero aun así su situación financiera continuaba siendo precaria. Ganaban $500 a la semana, una cantidad que apenas les alcanzaba para pagar el alquiler y que estaba muy lejos de lo que habían imaginado que ganarían cuando comenzaron a soñar con ser actores.

"Mi sueño era poder pagar el alquiler", dijo Óscar en una entrevista con *Business Insider*. "No había ninguna planificación. Simplemente estábamos en apuros. Hablábamos de cómo seguir haciendo lo que amábamos, aunque pareciera imposible".

LA GRAN MANZANA

LA CIUDAD DE NUEVA YORK es una de las ciudades más caras del mundo para vivir. Según un artículo del *New York Times*, en 2003 el alquiler promedio de un apartamento de dos habitaciones era de $1222 al mes. Para poder permitirse eso, uno tendría que ganar casi $50 000 al año. Cuando cobras $500 a la semana como actor, eso suma solo $26 000 al año (y eso es dando por hecho que vas a trabajar todas las semanas). A partir de junio de 2024, el alquiler promedio de un apartamento de una habitación en la ciudad de Nueva York era de $3789 al mes, lo que requiere un ingreso familiar de aproximadamente $152 000 al año.

Pedro y Óscar compartieron esta lucha, persiguiendo incansablemente algo por lo que sentían pasión mientras les costaba cubrir sus necesidades. Como suele suceder cuando las personas comparten experiencias difíciles, esto se convirtió en un fuerte lazo que unió aún más a los amigos.

"Dependía de mis amigos como uno haría de la comida y el agua", dijo Pedro en una entrevista con *People*. No cuesta imaginar que sus amigos jugaron un papel particularmente importante en su vida, dado que la mayoría de su familia estaba lejos en Chile. "Como estaba solo, me sentía un poco ansioso y a fin de cuentas agradecido por todas mis amistades, viejas y nuevas. Nos apoyábamos los unos a los otros. Eso en realidad es lo único que importa".

Hay un momento en *Supermán* en el que Lex Luthor (el villano) ha identificado la única cosa que puede contrarrestar los poderes de Supermán: un cristal verde llamado kryptonita. Lex lo cuelga al cuello de Supermán, atrapándolo en su propia guarida y efectivamente impidiendo que Supermán detenga sus planes perversos. Este es el momento más difícil para Supermán, en el que toda esperanza parece perdida. Al final, Supermán es liberado por Eve Teschmacher, la novia de Lex, quien decide que ya no quiere estar con él. Supermán recupera así su fuerza y puede seguir viviendo su destino.

Entonces, aunque Óscar ciertamente no es la novia-de-un-villano-malvado-que-se-convierte-en-salvadora, la amistad que él y Pedro forjaron tendría un efecto duradero e impactante en el destino de Pedro.

Pedro continuó pateando la calle, buscando nuevos trabajos. Para 2011, catorce años después de su graduación de la Escuela de Artes Tisch, Pedro había comenzado a conseguir papeles en programas más importantes, como

Lights Out, Brothers & Sisters, Graceland, Homeland y *The Mentalist*. Interpretó al agente especial Greer en un episodio de *La ley y el orden: Unidad de víctimas especiales* (*Law & Order: Special Victims Unit*) y tuvo un papel regular en *Law and Order: Criminal Intent* como Reggie Luckman (y luego Kip Green). Pero no era la gran visibilidad que había imaginado tener a esas alturas de su carrera.

De igual manera, hasta "las oportunidades más pequeñas me daban impulso para seguir", dijo en una entrevista con el *New York Times*. "Tanto que me propuse luchar hasta no poder caminar".

Como dijo Sarah Paulson en la entrevista con el *New York Times*: "Ahora, cuando miro atrás, sé que siempre hubo una voz en lo más profundo de su ser que le decía que algún día iba a hacer lo que quería hacer de la manera que quería hacerlo. Pero entre más te dicen que no, más y más débil se vuelve esa voz, y más y más se aleja".

Para finales de 2012, Pedro tenía casi cuarenta años. Le habían dicho que no tantas veces que es difícil imaginar a esa voz en su cabeza como algo más que un susurro.

Al principio, cuando apenas estaba comenzando su trayectoria, Pedro había dicho: "Mi visión de la situación era que, si cuando cumpliera los veintinueve años aún no había logrado una gran visibilidad en mi carrera, terminaría con todo". Para 2012, el plazo que Pedro se había autoimpuesto se había cumplido hacía rato.

Entonces... ¿*de verdad* terminaría con todo?

¿Era hora de tomar otro rumbo?

¿O le llegaría a Pedro su gran oportunidad en algún momento?

CAPÍTULO CUATRO

LA GRAN OPORTUNIDAD

"La única manera de saber cuán fuerte [eres]
es seguir poniendo a prueba tus límites".

—JOR-EL, *EL HOMBRE DE ACERO*

Era 2013 en la soleada California y Pedro ejercía de mentor de un estudiante en la Universidad del Sur de California. Su pupilo, Francisco Pryor Garat, estaba por presentarse a una audición para un papel en la serie de HBO *Juego de tronos* (*Games of Thrones*), basada en la exitosa serie literaria "Canción de hielo y fuego" (A Song of Ice and Fire) de George R. R. Martin. El personaje para el que Francisco iba a hacer la audición era un príncipe ingenioso de casi cuarenta años, al menos una década mayor que él.

No es inusual que los actores interpreten personajes más jóvenes que ellos. Sin embargo, es muy difícil interpretar a alguien que es mayor. Pedro y Francisco muy pronto se dieron cuenta de que el papel no era el adecuado para Francisco. Sin embargo, como Pedro relató en una entrevista con el *New York Times*, cuando leyó el guion, quedó impresionado. ¡Era casi como si el papel hubiese sido escrito para él!

¿Alguna vez has vivido un momento en el que sabes que algo mágico está a punto de suceder? ¿Sientes un hormigueo en la piel o quizás te erizas o te recorre un escalofrío por la espalda? Por supuesto que no lo sabes con seguridad, pero lo que sí es seguro es que no vas a perder la oportunidad. Tal vez las cosas estén a punto de cambiar. Harás lo que sea, sin importar lo improbable que parezca. Bueno, así debe de haberse sentido Pedro en ese momento.

Entonces, ¿qué hizo?

Sacó su teléfono, lo posicionó y presionó el botón de grabar. Ni siquiera trató de conseguir un equipo de grabación sofisticado ni hacer una grabación profesional.

Después de que Pedro grabara su audición estilo selfi, se la envió a su vieja amiga, Sarah Paulson.

En uno de los muchos giros impredecibles de la vida y la amistad, dio la casualidad de que Sarah era amiga íntima de otra actriz, Amanda Peet, quien estaba casada con David Benioff, ¡el *showrunner* de *Juego de tronos*!

Primero, Sarah y Amanda vieron el video que Pedro envió. Quedaron impresionadas con su actuación e inmediatamente se lo enviaron a David. Según David, aunque la tecnología utilizada en la audición era muy antigua y la grabación era *amateur*, inmediatamente se dio cuenta del potencial y se la envió a los directores de reparto. "La actuación era enérgica, creíble y perfecta". ¿Qué dijeron los directores de reparto?

"Me mandaron un correo electrónico muy claro preguntándome si estaba dispuesto a grabar [la audición] de nuevo haciéndole un ajuste a la actuación", explicó Pedro en una entrevista con la revista *Orange Coast*. "En ese momento decidí tomarme el proceso un poco más en serio y le pagué a alguien para hacer la audición con la iluminación y el sonido adecuados. Unas semanas después de la primera audición, me vi en Irlanda, estrechando la mano de los creadores del programa y de dos ejecutivos de HBO. Pensé que me habían llevado para otra audición. Incluso después de una prueba de vestuario y un ensayo de acrobacias, todavía no tenía del todo claro que el papel era mío. Cuando terminó el viaje, llamé a mi agente: '¿Me dieron el papel?'".

La respuesta fue sí, ¡le habían dado el papel!

Y no solo eso, sino que ese papel era la gran oportunidad que Pedro llevaba esperando toda su vida.

Desde ese momento, las cosas comenzaron a cambiar para él. ¡Y rápido!

En *Juego de tronos* interpreta al príncipe Oberyn Martell, un gran guerrero, padre de ocho hijas y favorito de los fans... ¡hasta su memorable muerte en combate!

"No hubo ninguna parte de [la muerte de Oberyn] que fuera sombría", le dijo Pedro a *Interview Magazine.* "A todos les parecía graciosísimo que me estuvieran aplastando la cabeza como si fuera una sandía. Todos estaban fascinados con los efectos especiales. Nos divertimos mucho".

Cuando se le preguntó en una entrevista con *Variety* cómo era Pedro en el set, David Benioff respondió: "Su primer día de filmación consistió en una larga escena con Peter Dinklage, en la que Oberyn acepta fungir como el campeón de Tyrion. Dan y yo estábamos en otro país, trabajando con otro grupo, y recuerdo haberle enviado un correo electrónico a Pedro. Él estaba nervioso. Yo también estaba nervioso porque era una escena muy importante y no estábamos allí para ver al nuevo miembro de nuestro elenco en su primera escena con el número uno en la hoja de llamada. Recibimos las tomas diarias al día siguiente por la mañana. Verlas me hizo sentir feliz. Le envié un correo electrónico a Pedro y le dije que había dado en el clavo. Una vez que vimos toda la temporada, no teníamos la menor duda de que Pedro iba a ser una estrella".

Uno de los lugares donde se filmó el programa fue en la hermosa ciudad de Dubrovnik, Croacia (donde, muchos años después, Pedro volvería a grabar otra película junto a uno de sus héroes de la pantalla grande, Nicolas Cage). Era la sede de la Fortaleza Roja, un enorme castillo que es la residencia del monarca gobernante en la serie *Juego de tronos.* Pedro recuerda algunos momentos realmente increíbles durante la grabación.

"Me encontraba haciendo payasadas con un muchacho que medía siete pies y pesaba doscientas libras en este lugar tan bello", le dijo Pedro a *Interview Magazine*, mientras describe lo mucho que le encantó estar en el set de rodaje de *Juego de tronos.* "¡Fue tan surreal que me explotó la cabeza! No creo que algo así me vuelva a pasar en un futuro próximo. Se dieron las circunstancias más extrañas, donde de repente entro al set y hablo con Charles Dance mientras él está sentado en el trono".

Aunque su paso por *Juego de tronos* terminó en 2014, Pedro recién comenzaba a ser el centro de atención. Su interpretación del príncipe Oberyn recibió elogios significativos de la crítica y el público por igual, y poco después de terminar su papel en la serie, fue contratado para un nuevo programa de televisión, esta vez en un papel importante (y más duradero).

El programa *Narcos* trata sobre las actividades criminales de Pablo Escobar, el notorio narcotraficante colombiano y criminal multimillonario que fue, sin duda, el traficante de drogas más poderoso del mundo a finales de los años ochenta y principios de los noventa. En dicho programa, Pedro interpretó a Javier Peña, el agente de la Administración de Control de Drogas de los Estados Unidos que ayudó a liderar la investigación contra Escobar y el Cartel de Medellín.

La serie se emitió desde 2015 hasta 2017, y Pedro estuvo en las tres temporadas. Era un trabajo estable y un gran cambio respecto a los días en que vivía de cheque en cheque. Finalmente, a los cuarenta y dos años, estaba hallando el éxito por el que había trabajado durante décadas.

¡Y ahí no paró!

Un día, el director de cine Matthew Vaughn estaba viendo *Narcos*. En ese momento, Matthew estaba eligiendo el elenco para la película *Kingsman: Servicio secreto* (*Kingsman*), una comedia de acción sobre las misiones de una organización de espías súper secreta llamada Kingsman. Matthew le pidió a Pedro que hiciera una audición para uno de los papeles.

"Mostraba altanería y seguridad en sí mismo", dijo Matthew en una entrevista con el *New York Times*, "pero al mismo tiempo parecía esperar ser rechazado".

Por suerte, ¡Pedro no fue rechazado! Así que en 2017 se mudó a Londres para interpretar a Jack Daniels, también conocido como Whiskey, un agente doble que busca venganza por la pérdida de su esposa, quien estaba embarazada.

Por esa misma época, Pedro también comenzó a trabajar en *La gran muralla* (*The Great Wall*), una película de fantasía con un enorme presupuesto que se estaba grabando en China. En *La gran muralla*, Pedro interpretó a Tovar, un mercenario europeo encarcelado por las fuerzas imperiales chinas dentro de la Gran Muralla.

Pedro no solamente tuvo la oportunidad de visitar China y trabajar con una leyenda de la industria cinematográfica,

Matt Damon (quien interpretó a otro mercenario europeo en la película), sino que el director, Zhang Yimou, era alguien con quien Pedro había estado obsesionado desde su niñez. Trabajar con dos de sus ídolos fue una oportunidad sumamente emocionante.

Los amigos de Pedro estaban felices por su merecido éxito, que se había ganado arduamente, luchando durante mucho tiempo.

Sarah Paulson lo describió perfectamente en una entrevista con el *New York Times*: "La mayoría de las personas no logra cambiar su vida a los 40 años en cuanto al trabajo se refiere, en este negocio".

Pero la vida de Pedro definitivamente había cambiado, y el mundo se estaba dando cuenta.

Cuando Sarah le pidió a Pedro que describiera cómo *él* se sentía con respecto a todo esto, respondió: "Hay ciertas cosas, como salir del apartamento y encontrarte con alguien que quiere tomarse un selfi contigo… no hay nada que no sea positivo. Me abrió puertas que habían estado cerradas por muchos años".

Para entonces, su otro mejor amigo, Óscar Isaac, había hallado el éxito como protagonista en el universo de *La Guerra de las Galaxias*. De hecho, fue Óscar quien luego recomendaría a Pedro para el papel de Din Djarin, el mandaloriano (también conocido como Mando) en *The Mandalorian*, el cual Pedro terminó asegurando.

THe MANDALORIAN es una serie de televisión estadounidense de acción de la franquicia de *La Guerra de las Galaxias* que tiene lugar cinco años después de los eventos de la película *El regreso del Jedi* (*Return of the Jedi*). El mandaloriano sigue a un cazador de recompensas que es contratado para recuperar "al niño" Grogu (conocido en la cultura pop como Baby Yoda). El mandaloriano recupera a Grogu, pero en lugar de entregarlo a las fuerzas imperiales, huye para proteger a Grogu y reunirlo con su especie.

La serie se estrenó en 2019 con gran éxito de audiencia y ha sido nominada a docenas de premios, incluidos un premio de la Crítica Cinematográfica y un premio Globo de Oro. *The Mandalorian* también ha sido nominado a varios premios Primetime Emmy, con quince premios Emmy distribuidos en las primeras tres temporadas del programa.

Increíblemente, a pesar de que se conocían hacía una década, Óscar y Pedro no habían tenido la oportunidad de trabajar juntos nuevamente desde su época en el Manhattan Theatre Club. Pero finalmente, en 2018, esa oportunidad llegó cuando comenzaron a trabajar en la película de suspenso de Netflix *Triple frontera* (*Triple Frontier*), junto a Ben Affleck.

En esa película, Pedro interpreta a Francisco "Catfish" Morales, uno de cinco amigos y exoperativos de fuerzas especiales. Óscar interpreta a Santiago "Pope" García, el asesor militar privado que recluta a sus compañeros de las Fuerzas Delta del Ejército de los Estados Unidos para planear un robo al líder de una organización criminal sudamericana.

Durante la preproducción, uno de los productores de la película, Charles Roven, le pasó una llamada a Pedro. Alguien quería conocerlo, explicó Charles. Era Patty Jenkins.

Patty Jenkins es una leyenda en la industria cinematográfica: directora de cine, guionista y productora. Para entonces, había dirigido muchas grandes películas como *Monster: Asesina en Serie* (*Monster*) y *Mujer Maravilla* (*Wonder Woman*), que terminaron recibiendo una gran acogida.

En realidad, Pedro conocía a Patty dado que había filmado un piloto de televisión con ella en 2011, mucho antes de interpretar el papel en *Juego de tronos* que le cambió la vida. El piloto era para una nueva versión de *Mujer*

Maravilla que no terminó siendo elegida para producción, pero Patty no había olvidado a Pedro.

Lo cual fue una sorpresa para él. "Tuve la oportunidad de trabajar con Patty durante tres días o algo así, y luego pensé que nunca la volvería a ver", dijo Pedro en una entrevista con *Variety*. "Ni siquiera sabía que ella me recordaba de aquel entonces".

¡Patty definitivamente lo recordaba! De hecho, lo estaba llamando para otra película que Roven estaba produciendo, *Mujer Maravilla 1984* (*Wonder Woman 1984*). Al principio, Pedro pensó que lo llamaba para que hiciera una audición para uno de los papeles.

Ya eso hubiese sido suficientemente emocionante, pero no era ese el motivo por el que Patty lo llamaba.

"No me daba cuenta de que Patty quería hablar conmigo sobre un papel que iba a interpretar, no sobre un papel que necesitaba ganarme", admitió Pedro en una entrevista con *Variety*. No lo estaba invitando a hacer una audición. ¡Le estaba ofreciendo el papel!

"No lo podía creer", añadió Pedro.

Después de todos los años en que anduvo persiguiendo un trabajo tras otro, haciendo audición tras audición, había llegado al punto en su carrera en el que la gente ya no le pedía que hiciera una audición. ¡No la necesitaban porque ya lo habían visto actuar y les encantaba lo que veían!

"Había trabajado con él, así que lo conocía", explicó Patty en una entrevista con *Variety*. "No necesitaba demostrarme nada. Simplemente me encantaba la idea de trabajar con él, y pensé que su papel sería un poco inesperado, porque no se proyecta como un 'villano'".

Y un "villano" era precisamente el papel que ella quería que él interpretara.

En *Mujer Maravilla 1984*, Pedro interpreta a Maxwell Lord, un astuto y manipulador magnate de negocios y personaje de televisión que roba un artefacto místico que concede deseos. Diana Prince (también conocida como Mujer Maravilla) es una guerrera amazona inmortal que trata de pasar desapercibida. Trabaja como arqueóloga encargada de comisariar artefactos antiguos. Sin embargo, con el paso del tiempo, Diana se ve involucrada en una conspiración siniestra que la obliga a enfrentarse al malvado Maxwell.

¡Solo podemos imaginar lo que habría pensado el pequeño Pedro en 1978, mientras hacía fila para ver *Supermán*, si le hubieran dicho que algún día los fans harían fila para verlo a *él* protagonizar una película de superhéroes!

Entonces, aunque Pedro se sentía "un poco cansado de trabajar", como le dijo a *Variety* en una entrevista —llevaba trabajando casi sin parar desde la actuación que lo catapultó a la fama en *Juego de tronos*—, sabía que esta oportunidad con Patty Jenkins era una de esas que se presentan una sola vez en la vida, y por supuesto que iba a aceptar.

"Sentí que tenía que espabilarme de verdad", le dijo Pedro a *Variety*. Este era un papel mucho más importante que cualquier otro que hubiese interpretado hasta la fecha, y además le daría la oportunidad de hacer un personaje totalmente diferente.

Era el papel que llevaría a Pedro a interpretar a un personaje mítico, y Patty sabía que él tenía lo que hacía falta para interpretarlo. "No lo habría elegido para hacer del tipo estoico y callado", le dijo Patty a *Variety*. "Prácticamente es irreconocible de *Narcos* a *Mujer Maravilla*. Ni siquiera sabrías que es el mismo tipo".

Para cumplir con esas grandes expectativas, Pedro hizo todo lo posible por sumergirse de lleno en el papel. Al final de su jornada laboral, "en lugar de irme a casa cansado y poner Netflix, [me ponía] a lidiar con la cuestión física, a garabatear, a pensar en cómo interpretar el papel y practicarlo".

Pedro convirtió el guion de *Mujer Maravilla 1984* en una especie de álbum que llenó con recortes de Maxwell Lord sacados de historietas o dibujos del villano rodeado de globos de diálogo. El guion se convirtió en algo concreto que lo ayudaría realmente a visualizar el papel que iba a interpretar.

El esfuerzo, la dedicación y la creatividad de Pedro dieron frutos. ¡A lo grande! Su actuación fue un gran éxito, y como le dijo Pedro a *Variety*: "Resultó ser una de las mejores experiencias que he tenido con un elenco, una directora, un equipo, un papel".

Por su parte, Patty habló maravillas de Pedro: "Es una de las personas más interesantes que he conocido. Se convierte enseguida en alguien al que todo el mundo quiere invitar y que quieres tener cerca y con quien deseas hablar".

Y no estaba equivocada. Ahora había muchas personas que deseaban hablar con Pedro. ¡Su identidad como superestrella estaba saliendo a la luz!

CAPÍTULO CINCO

EL HÉROE

"Eres mucho más fuerte de lo que crees".
—SUPERMÁN,
ALL-STAR SUPERMAN (VOL. 1) #10

Mientras Pedro grababa *Mujer Maravilla 1984*, el *showrunner* y productor ejecutivo de *The Mandalorian*, Jon Favreau, elaboraba un plan. Incluía guiones gráficos, elementos visuales increíbles y una presentación, con la esperanza de convencer a Pedro de que interpretara al personaje principal, Din Djarin.

Como Jon explicó en una entrevista con *Variety*: "[Pedro] parece una estrella de cine clásica con su carisma y su forma de expresarse. Y es alguien que se toma la actuación muy en serio".

Jon invitó a Pedro a conversar con él.

"Cuando entró, debe de haberse sorprendido mucho",

Jon le dijo a *Variety*. "Sabes, la mayoría de las veces, la gente está probando si un actor es una buena opción. Pero en este caso, todo estaba listo y preparado".

En la oficina de Jon se encontraban dibujos y arte conceptual de la serie, los guiones gráficos de la primera temporada, bocetos de los personajes y todo tipo de material visual.

"Me fijé en el mandaloriano, un personaje que se parece a Boba Fett, de inmediato", dijo Pedro en una entrevista con *Business Insider*. "Pensé: 'Oh, es increíble que por fin vayan a desarrollar este personaje'".

Jon luego compartió su visión de la serie con Pedro.

Pedro estaba encantado.

"¿Bueno, entonces yo quién soy?" preguntó Pedro, y cuando Jon dijo, "Eres el mandaloriano", Pedro tuvo un momento de confusión.

Como admitió luego en una entrevista: "Dije, '¿Qué? ¿Voy a interpretar a Boba Fett?'".

Pero Jon lo corrigió: "No, no es Boba Fett. Es el mandaloriano".

Imagínate cómo debe de haber sido ese momento. ¡A Pedro le estaban ofreciendo el papel de un personaje principal en el icónico universo de *La Guerra de las Galaxias*!

"No me pude haber imaginado un mejor momento", le

confesó Pedro a *Business Insider*. En una entrevista con *Variety*, reconoce, "Espero que no suene como que me estoy haciendo el que soy, sabes, muy inteligente, pero acepté hacer la serie porque la impresión que me dio cuando tuve mi primera reunión fue que esto iba a ser la próxima gran [cosa]".

Y Pedro tenía razón. ¡La serie sería un gran éxito!

Sin embargo, en 2018 era solo una idea, y aunque Pedro parecía entusiasmado con las perspectivas del programa, el trato no estaba cerrado. En particular, estaba el asunto del casco. Un aspecto fundamental de la historia del mandaloriano es que rara vez muestra su rostro, llevando el casco puesto en todo momento. Esto significaba que la cara de Pedro no se vería durante casi toda la serie.

Para muchos actores, ocultar su rostro es un factor no negociable. Pero no para Pedro, que terminó aceptando la oportunidad. De hecho, el "asunto del casco" resultó funcionar perfectamente a su favor.

Tanta era la demanda por Pedro, ¡que estaba haciendo malabares con *varios* compromisos de actuación al mismo tiempo! No solamente estaba trabajando en la producción de *Mujer Maravilla 1984* en Londres, sino que estaba a punto de comenzar su temporada de *El rey Lear* en Nueva York. *The Mandalorian* se iba a filmar en California.

¿Qué haces cuando tienes que estar en tres lugares a la vez?

Los productores de *The Mandalorian* encontraron una solución creativa que se benefició enormemente del hecho de que el rostro del mandaloriano casi siempre estuviera oculto detrás del casco: varias escenas serían grabadas por los dobles de Pedro, y el doblaje de los parlamentos de Pedro sería incorporado meses después.

"Si había más de unas cuantas páginas de una escena de tú a tú, me sentía incómodo de no poder, en algunos casos, interpretar eso en su totalidad", confesó Pedro en una entre-vista con *Variety*. "Pero fue tan fácil, de una forma práctica y poco emocionante, que dependiera de [los productores]. Cuando estás lidiando con una franquicia tan grande como esta, eres simplemente un pasajero que ellos pueden mol-dear como quieran. Vamos, es *La Guerra de las Galaxias*".

Es cierto, pero se trataba de algo más que eso.

Muchas veces en el mundo de la actuación, la evolu-ción de un personaje y su relación con otras personas se transmite a través de las *expresiones faciales* del actor. En este caso, la serie explora la conexión entre Din Djarin, un silencioso (pero mortal) cazador de recompensas y Grogu, la criatura humanoide verde, que Mando tiene órdenes de recuperar, pero que luego decide proteger. Una parte fundamental del arco del personaje del mandaloriano es poder mostrar cómo empieza a ablandarse al compartir con Grogu.

Es mucha la emoción que hay que transmitir, y dado que el rostro de Mando se muestra poco, el desarrollo emocional del personaje hubo que mostrarlo de otras maneras. Específicamente, mediante el lenguaje corporal.

Por suerte, como dijo Pedro en una entrevista con *Variety*, definitivamente estaba a la altura de la tarea. "Para mí no era difícil entender el ser complejo debajo de la armadura. La transitoriedad es algo con lo que estoy increíblemente familiarizado, ¿sabes?".

Entonces, Pedro comenzó a trabajar muy de cerca con sus dobles ganadores del premio Emmy, Brendan Wayne y Lateef Crowder, para desarrollar los movimientos del mandaloriano con precisión e intencionalidad. Por ejemplo, después de que Pedro o uno de los dobles realizaba una escena, se preguntaban uno a otro por qué tomaron la decisión de moverse de cierta forma durante una escena.

Al preguntársele sobre su experiencia, en una entrevista con *Vulture*, Brendan dijo: "Lo maravilloso de [Pedro] es que no está impresionado consigo mismo. Simplemente es un actor. Lo digo en el buen sentido, no en el malo. Le gusta aprender y le gusta colaborar y lo hace muy bien".

Ayudó el hecho de que, para Pedro, ponerse el traje del mandaloriano era una buena manera de dejar a un lado sus sentimientos personales y convertirse en ese personaje por completo. Como confesó en una entrevista con *Variety*: "Es irónico que no puedas ver ninguna expresión facial porque [el traje] te sumerge en ese mundo de una manera tan completa que, instantáneamente, hace que el personaje se sienta real".

El único inconveniente era lo difícil que resultaba tener puesto el traje. "Lo han seguido mejorando y haciéndolo más cómodo, pero es como quedarte ciego", explicó en la entrevista con *Variety*. "Tu respiración empaña la estrecha rendija por la que puedes ver. No tienes visión periférica. Si hay un hueco, te vas a caer en él".

Sin embargo, "Cuando te lo pones, de inmediato te sientes poderoso, protegido, peligroso, como un guardián". No muy diferente a como debe de haberse sentido Supermán cuando se ponía su capa todos aquellos años atrás.

Después del éxito de Pedro en *Juego de tronos* y luego en *The Mandalorian*, estaba claro que esta estrella finalmente era el héroe de su propia historia, el protagonista de la vida con la que siempre había soñado. Como el icónico superhéroe que aquel niño vio volar en una pantalla, Pedro Pascal ahora era una figura reconocida a nivel internacional, y las oportunidades le llegaban por todos lados.

Una oportunidad muy especial le llegó en 2020, cuando Pedro fue seleccionado para actuar en *El peso del talento* (*The Unbearable Weight of Massive Talent*). En esta comedia de acción, Pedro interpreta a Javi, un multimillonario que es un gran fanático de Nicolas Cage. Siendo un verdadero fanático de Nicolas Cage, trabajar con él debió de sentirse como un sueño hecho realidad para Pedro.

"En términos de actuaciones desenfrenadas, cómicas, dramáticas, aterradoras, espontáneas, interesantes y originales —en el ámbito de la comedia, el cine independiente, y algo comercial, romántico o artístico, él abarcó toda la gama", dijo Pedro en una entrevista con *GQ*. "Así que es como, bueno, está bien, eres mi maestro".

La película sigue a Nicolas Cage interpretándose a sí mismo (como Nick) en una historia ficticia donde se encuentra atrapado entre el súper fanático Javi y dos agentes de la CIA, interpretados por Tiffany Haddish e Ike Barinholtz, que sospechan que Javi es un traficante de armas y un secuestrador. Los agentes de la CIA enfrentan a Nick y lo convencen para que los ayude a reunir pruebas en contra de Javi. Pero las cosas no son lo que parecen, y la risa se desata.

Cuando le preguntaron a Pedro en la entrevista con *GQ* si había sido difícil con-

vencerlo para que acep-
tara actuar en la película,
él respondió: "No, solo
fue cuestión de conven-
cerlos a ellos de que me
admitieran a bordo. Y

creo que el hecho de
saber más de las pelícu-
las de Nicolas Cage que
los guionistas que escri-
bían la película sobre el
Nicolas Cage de todas las

películas de Nicolas Cage me ayudó a conseguir el papel, porque no tenían idea de si yo era cómico".

Pero resultó que Pedro era cómico. ¡Era comiquísimo! De hecho, una escena que al final fue improvisada por completo resultó ser una de las más cómicas de la película.

En la película, Javi tiene una colección de objetos de Nicolas Cage, incluyendo una almohada con el rostro de Nicolas Cage bordado en lentejuelas. Nick, el personaje, parece estar molesto a causa de la almohada con lentejuelas (a propósito, a Nicolas Cage, el actor, no le gusta la almohada en la vida real y pidió que la quitaran de la película, pero Pedro insistió en que se quedara). En la escena improvisada, Nicolas Cage les pasa la mano por encima a las lentejuelas para que no se vea su rostro. Pero Pedro, que está justo detrás de él, vuelve a alisar las lentejuelas para que el rostro de Nicolas Cage quede completamente visible. En la película, da la impresión de que a Javi lo ofenden los intentos de Nick por ocultar el rostro de Nicolas Cage. Es un momento cómico perfecto, ejecutado de una manera juguetona y con mucho éxito.

El carácter juguetón que es tan adorable en el personaje de Javier es de hecho un rasgo distintivo de Pedro. Pese a que ha interpretado muchos papeles serios y enérgicos,

Pedro tiene una naturaleza juguetona que se refleja en las relaciones con las personas allegadas en su vida.

Por ejemplo, a su amigo Óscar Isaac le gusta burlarse de Pedro y decir "está obsesionado conmigo. Trato de alejarme de él, pero me encuentra. Hasta cuando cambio mi número... Es como una enfermedad".

Y cuando a Óscar se le preguntó quién ganaría si su personaje del Caballero Luna se enfrentara al mandaloriano de Pascal, Óscar dijo, "El Caballero Luna definitivamente ganaría, y a quién le importa si Pedro está de acuerdo, porque así son los hechos". La respuesta de Pascal fue: "Qué tierno. Quizás el Caballero Luna vencería al mandaloriano en scrabble, pero no en una batalla".

Las bromas fraternales entre Pedro y Oscar revelan el profundo cariño que los amigos sienten el uno por el otro. "Es mi familia", dijo Óscar en una entrevista con ¡HOLA! "Simplemente veo a alguien que por fin está recibiendo el reconocimiento que merece. Digo, ¿cómo no enamorarte de él? Creo que por eso hay tanta buena voluntad, porque se siente ese gran corazón latiendo dentro de su pecho".

"Siempre estaré a tu lado, Óscar", dijo Pedro.

Y es el cariño profundo lo que ha fortalecido los lazos que Pedro tiene con su familia y sus amigos. Esos lazos, a su vez, le dieron el valor para seguir persiguiendo su

CABALLERO LUNA

Estrenada en Disney+ en 2022, la serie MOON KNI-GHT (Caballero Luna) sigue al personaje Marc Spector, interpretado por Óscar Isaac, mientras lidia con sus recién otorgados poderes de dios egipcio de la luna. Spector es un mercenario con trastorno de identidad disociativo, una condición de salud mental caracterizada por la presencia de dos o más personalidades. Cada identidad puede tener un nombre, una historia personal y unas características singulares. En la serie, Óscar termina interpretando a Marc Spector/Caballero Luna, Steven Grant/Sr. Knight, y Jake Lockley, dándole a cada personaje su propia personalidad y hasta su propio acento. Cambiar de roles de esta manera puede ser increíblemente difícil, por lo que durante la producción, Óscar tuvo que grabar todo el material de un personaje y luego cambiar al siguiente. Sin embargo, a medida que Óscar se sintió más cómodo con los diferentes personajes, se le hizo fácil alternar entre ellos sin problemas. En una escena, el hermano de Óscar, Michael Benjamin, le sirvió de doble para que los personajes de Marc y Steven pudieran encontrarse.

sueño durante todas esas décadas en las que este parecía tan lejano. También le han dado el coraje para superar los límites de lo que pensó podría alcanzar.

Por ejemplo, en 2023, Pedro fue contactado con una gran oportunidad, una que él sabía que lo impulsaría aún más hacia la fama.

Un día, Pedro estaba hablando con su hermana por teléfono. Javiera estaba en su carro llevando a sus hijos a la escuela así que lo puso a Pedro en el altavoz, y él explicó que el papel que le estaban ofreciendo era para una serie basada en un videojuego. Antes de que Pedro pudiera decir el título completo del juego, sus sobrinos lo interrumpieron. "Entonces, Bruno y Pedro dijeron, '*The Last of Us*? ¡Tienes que conseguir ese trabajo! ¡Mami, estaciónate!'".

Javiera se detuvo a un lado de la carretera.

Pedro aceptó el papel, ¡pese a que ni siquiera había jugado el juego ni una vez!

Resulta que el *showrunner* del programa, Craig Mazin, le había dicho al elenco que no jugaran al videojuego antes de la producción, pero Pedro ignoró las instrucciones. "Encontré que en su totalidad era una experiencia visual impresionante", dijo Pedro en una entrevista con *GQ*. Aun así, no era muy bueno jugando. "Es muy triste. No tengo la más mínima habilidad. Lo intenté, ¿sabes? Pero a los pocos minutos tuve que darle el control a mi sobrino. Se requiere una habilidad específica, y yo no la tengo".

Cuando se le preguntó cuán fiel es la serie al videojuego, Pedro explicó: "Hay una manera muy, muy creativa de rendirle homenaje a lo que es importante y también conservar lo que es icónico a la experiencia del videojuego, además de [incluir] cosas que no esperabas precisamente".

Entre las cosas que Pedro no esperaba estaba lo intenso que sería grabar *The Last of Us*. Como explicó en una entrevista con *Wired*, lo obligó a sacar provecho de sus temores y explorar nuevas áreas de su mente. "De joven nunca me involucré en peleas físicas, y mucho menos de adulto", dijo. "La violencia me da terror".

The Last of Us se estrenó en 2023 y la producción de la segunda temporada comenzó en 2024, y se estrenó en HBO Max en abril de 2025. Tal como predijo, dicha serie le ha permitido a Pedro alcanzar una mayor fama.

El recorrido de Pedro Pascal para alcanzar las estrellas ha estado marcado por décadas de altibajos, y este aún no ha terminado. "Sé valiente en la búsqueda de lo que enciende tu alma", ha dicho Pedro, una ideología que claramente ha profesado a lo largo de esta vida. Y de nuevo, no muy diferente a Supermán, gran parte de su éxito en esta búsqueda

THE LAST OF US es un drama postapocalíptico ambientado veinte años después de una pandemia causada por una infección fúngica. El hongo convierte a sus portadores en criaturas parecidas a los zombis y provoca el colapso de la sociedad.

En la primera temporada del programa, Pedro interpreta a Joel, un contrabandista que escolta a Ellie (interpretada por Bella Ramsey), una adolescente inmune que podría ser la clave para crear una vacuna, fuera de una zona de cuarentena y de un extremo de los Estados Unidos al otro.

Irónicamente, la selección del reparto se llevó a cabo durante la pandemia del COVID-19. Para los personajes de Joel y Ellie, los productores buscaban a actores que no solamente pudieran encarnar a los personajes, sino que también capturaran el estrecho vínculo que se crea entre Joel y Ellie. Resultó que Pedro y Bella se compenetraron instantáneamente, y la amistad entre ellos no hizo más que cobrar fuerza durante la producción.

La serie fue universalmente aclamada, elogiada por la crítica y el público por igual. Fue nominado a docenas de premios, y le valió a Pedro Pascal el premio al mejor actor otorgado por el Sindicato de Actores.

proviene del amor y el apoyo que ha recibido de su familia (con la que comenzó y la que eligió por el camino).

"El amor es la fuerza más potente del universo", dice Pedro totalmente convencido. "De manera consciente o inconsciente, estar vivo o hasta la condición de ser humano está vinculada directamente al amor que sientes".

Para Pedro esto significa sentir amor por su perro, su familia, sus amigos y hasta amor por sus fans. De hecho, en una entrevista con *Vanity Fair*, la cual tiene tiene 5 millones de visitas, Pedro se sometió a un detector de mentiras y tímidamente confesó que cuando se siente triste, le gusta revisar @pedropascalfanaccount, una cuenta de fans de Instagram dedicada a él. Tiene más de cien mil seguidores y con regularidad comparte fotos de sus proyectos de cine y televisión, entrevistas y encuentros con sus fans. ¡Su propia cuenta de Instagram @pascalispunk presume de casi ocho millones de seguidores! Estamos hablando de mucho amor.

A pesar de lo ocupado que está hoy en día, Pedro hace todo lo posible por buscar el tiempo para compartir con su familia elegida, como pasar un rato con su mejor amiga Sarah Paulson durante el Renaissance World Tour de Beyoncé en Los Ángeles, donde Sarah lo filmó "volviéndose loco" durante la interpretación de la canción "Black Parade".

Pedro también fue presentador en *SNL* por primera vez en 2023.

"¡EN VIVO DESDE NUEVA YORK, ES SÁBADO POR LA NOCHE!"

SNL, la abreviación de SATURDAY NIGHT LIVE, es un programa popular compuesto por *sketches* grabados en vivo. Cada episodio es presentado por una celebridad y cuenta con la participación de un número musical. Entre los presentadores latinos destacados se encuentran Desi Arnaz, Jimmy Smits, Cameron Diaz, Lin-Manuel Miranda, Jennifer Lopez, Oscar Isaac, Bad Bunny y Pedro Pascal.

Muchos del elenco de *SNL* se han convertido en actores o escritores famosos. Durante sus cinco décadas al aire, *Saturday Night Live* ha recibido una enorme cantidad de premios, incluyendo 101 premios Primetime Emmy, cinco premios del Sindicato de Guionistas de los Estados Unidos y tres premios Peabody. En 2000, fue admitido al Salón de la Fama de Radiodifusión de la Asociación Nacional de Radiodifusores. *SNL* ocupó el décimo lugar en la lista de *TV Guide* de "Los 50 mejores programas de televisión de todos los tiempos", y en 2007 fue incluido entre los "100 mejores programas de televisión de todos los tiempos" de *TIME*. Hasta 2022, el programa había recibido más de trescientas nominaciones a los Premios Primetime Emmy, más que ningún otro programa de televisión.

Pedro también hizo un cameo sorpresa cuando Bad Bunny presentó *SNL* luego en el mismo año, retomando su papel de una mamá latina sobreprotectora con barba de chivo. En la escena, Pedro lleva un delicado suéter color rosa (que complementa muy bien con su barba) mientras él y Bad Bunny (que interpreta a la tía Rosa) reciben a su hijo que llega a presentarles a su novia.

En 2023, ¡Pedro también fue incluido en la lista de *TIME* de las 100 personas más influyentes! "Puedo garantizar que todo lo que esperas que él sea, LO ES", dijo Paulson en la reseña que escribió sobre Pedro. "Intenso, sentimental, simpatiquísimo, juguetón, capaz de tener las conversaciones más profundas, dispuesto a sujetarte el cabello cuando vomitas y con una ancha espalda donde te puedes apoyar".

Claramente, está describiendo a su mejor amigo.

Además de hacer todo lo posible por estar con sus amigos, Pedro sigue manteniendo una relación cercana con su familia y siempre trata de encontrar tiempo para visitarlos en Chile (¡y mimarlos con muchos regalos!).

El padre de Pedro sigue trabajando como médico especialista en fertilidad en Chile. "Mi familia no puede creerlo", dijo Pedro en una entrevista. "Mi papá está tan impresionado. Le encanta el cine y nos llevaba a ver películas dos o tres veces a la semana, así que, ¿esta fantasía mía de convertirme en actor? Puedo echarle la culpa a mi padre por eso. Está tan asombrado y tan feliz".

Javiera Balmaceda, la hermana mayor de Pedro, es ahora la directora de producciones originales locales de Amazon Studios para los países de habla hispana de América Latina. Su compañía produjo *Argentina, 1985*, ganadora del Premio Globo de Oro a la mejor película en lengua no inglesa, inspirada en la historia real de Julio Strassera, Luis Moreno Ocampo y su joven equipo legal, quienes lucharon por enjuiciar a la dictadura militar más sangrienta de Argentina y lograr justicia para las víctimas de la Junta Militar. Junto a su hermano menor, Javiera asistió a los Premios Oscar 2023, ya que la película había sido nominada en la categoría de mejor película internacional. "Es emocionante ser parte de un proyecto tan ambicioso que transportará al público a un momento crucial en la historia de Argentina", dijo Balmaceda en una entrevista con *Variety*.

El hermano de Pedro, Nicolás Balmaceda Pascal, está cursando estudios de doctorado en Neurología Pediátrica. "Detesta la atención y le encanta hacer el bien", escribió Pedro sobre él en su cuenta de Instagram.

En cuanto a la hermana más pequeña de Pedro, Lux Pascal, es actriz y activista transgénero. Luego de regre-

sar a Chile con sus padres y Nicolás, Lux comenzó a estudiar teatro en la Pontificia Universidad Católica de Chile. Después de un tiempo, regresó a vivir a los Estados Unidos, donde asistió a Juilliard, graduándose en 2023.

Lux se declaró mujer transgénero en 2021 y cambió su apellido de Balmaceda a Pascal. En una entrevista con *People*, Lux mencionó a Pedro como un apoyo fundamental durante ese periodo de su vida. "También es artista y me ha servido de guía. Fue una de las primeras personas en regalarme las herramientas que comenzaron a darle forma a mi identidad".

Y en un sentido importante, la vida de Pedro también ha consistido en forjar *su* identidad. O mejor dicho, en llegar al punto en que el resto del mundo lo vea como la persona que él siempre supo que era.

Años atrás, en la década de 1970, Pedro se perdió el momento en el que Clark Kent se puso la capa y le reveló al mundo que era un superhéroe en *Supermán*. Cuatro décadas después, Pedro ha emergido como un superhéroe, llenando salas de cine en todo el mundo.

Y su carrera sigue en ascenso. Pedro Pascal protagonizó cinco películas en 2024, incluyendo el superéxito de taquilla *Gladiator II*. Además de ser el rostro (aunque oculto) de un personaje importante en la franquicia de *La Guerra de las*

Galaxias, interpretó a Mr. Fantastic en la película *Los 4 fantásticos*, sumándose así a las caras conocidas del Universo Cinematográfico de Marvel. Fue nombrado la estrella más popular de 2023 por IMDb y es el latino con más nominaciones a los Premios Emmy en un solo año, según *Variety*.

"¡Es... demasiado bueno para ser verdad!", confesó Pedro en una entrevista con *Variety*.

Y, sin embargo, no hay duda de que Pedro se lo merece todo... aunque reconoce que no lo logró solo.

"La cantidad de veces que me ayudaron, y la cantidad de personas de las que pude depender durante algunos momentos bien difíciles, no voy a dejar que me paguen una cena nunca más. Quiero cuidar de la gente tanto como cuidaron de mí".

El fallecido Christopher Reeve, quien interpretó el papel de Supermán, una vez dijo: "Muchos de nuestros sueños al principio parecen imposibles, luego parecen improbables, y después, cuando convocamos la voluntad, pronto se vuelven inevitables".

Está bastante claro que el sueño de Pedro Pascal finalmente se ha vuelto inevitable.

¿SABÍAS?

★ Pedro Pascal atribuye su éxito a su madre, Verónica Pascal. A principios de su carrera, decidió cambiar su apellido de Balmaceda a Pascal para honrar su memoria y la influencia que tuvo en su vida.

people.com/tv/the-mandalorian-pedro-pascal
-credits-his-success-to-his-mom/

★ Las destacadas actuaciones y la versatilidad de Pedro le han valido el reconocimiento y el elogio de la crítica, así como nominaciones a tres Premios Emmy en 2023, lo que lo convirtió en el latino más nominado en un solo año.

variety.com/2023/tv/awards/2023-emmys-diversity
-pedro-pascal-jenna-ortega-quinta-brunson-1235667840/

★ En 2023, *The Hollywood Reporter* nombró a Pedro una de las celebridades latinas más influyentes de Hollywood. Su influencia e impacto en la industria del entretenimiento sigue creciendo, lo que lo convierte en un actor destacado tanto en la televisión como en el cine. Otros latinos que han sido reconocidos de manera similar incluyen a Selena Gómez, Salma Hayek y Eva Longoria.

hollywoodreporter.com/lists/most-powerful-latino
-celebrities-executives-hollywood-2023/

★ A sus cuarenta y ocho años, Pedro fue el primer latino en la historia del Sindicato de Actores de Cine que gana en la categoría de mejor actuación de un actor masculino en una serie dramática por su actuación en *The Last of Us* de HBO. El primer latino nominado a un premio SAG fue Héctor Elizondo, quien fue nominado a la misma categoría en 1994.

wearemitu.com/wearemitu/entertainment
/pedro-pascal-sag-award-speech/

★ Las personas latinx consideran a Pedro un modelo a seguir ya que ha inspirado a muchos con su trayectoria y éxito en Hollywood. Su compromiso a la hora de abogar por la representación en los medios lo convierte en una figura importante para la comunidad latinx.

hola.com/us/celebrities/20230621347143
/pedro-pascal-role-model-latinos/

★ Fue elegido para interpretar a Oberyn Martell en *Juego de tronos* después de que los productores quedaran cautivados por su audición autograbada. Con su interpretación, Pedro le dio otro nivel de autenticidad y diversidad a la serie al infundir en el personaje de Oberyn su propia herencia latina y su rico origen cultural, lo que resonó profundamente con el público de todo el mundo.

variety.com/2020/tv/news/game-of-thrones-david
-benioff-pedro-pascal-oberyn-1234808187/

★ Es un lector ávido y a menudo comparte su lista de libros y autores favoritos con sus fans, demostrando su amor por la literatura.

esquiremag.ph/culture/books-and-art/pedo
-pascal-favorite-top-recommended-books-a00304–20230215

GUÍA DEL LECTOR

★ Cada capítulo comienza con una cita. ¿Cómo se aplica esa cita a lo que sucede en ese capítulo específico?

★ La autora hace un paralelo entre la trayectoria de Pedro Pascal por alcanzar su máximo potencial y la trayectoria de Clark Kent. ¿Por qué crees que la autora hace eso? ¿Qué efecto está tratando de lograr?

★ Hubo muchas ocasiones en la vida de Pedro en las que las cosas no estaban saliendo como él quería y le resultó muy difícil seguir persiguiendo su sueño. ¿Por qué crees que persistió? ¿Alguna vez has estado en una situación en la que querías rendirte pero decidiste no hacerlo? ¿Qué te hizo tomar la decisión de seguir adelante?

★ ¿Qué otros paralelos ves entre tu vida y la historia de Pedro? ¿De qué manera eres el héroe de tu propia vida?

★ Después de que leas la nota a continuación, usa la trayectoria del héroe para trazar cómo la historia de la vida de Pedro sigue los diferentes puntos de la trama de la estructura de Joseph Campbell.

UNA NOTA DE
KARLA ARENAS VALENTI

**"Los sueños nos salvan. Los sueños
nos elevan y nos transforman".**

—SUPERMÁN, *SUPERMÁN CONTRA LA ÉLITE*

Siendo una persona que encontró el éxito en su carrera más tarde en la vida, me conmovió mucho la historia del origen de Pedro Pascal. Se requiere una gran valentía, persistencia y fe en uno mismo para luchar por un sueño con la entrega que Pedro demostró durante su trayectoria.

El éxito requiere valentía, porque para alcanzarlo debemos luchar intensamente, enfrentar obstáculos y sufrimiento, todo eso sin la garantía de que lograremos los resultados que tanto deseamos.

Requiere persistencia porque uno en realidad nunca puede dejar de luchar por el sueño, porque detenerse es la manera más segura de terminarlo.

El éxito requiere una fe enorme en uno mismo porque, al final, somos los únicos que podemos hacer realidad nuestros sueños. Somos, en realidad, los héroes (o villanos) de nuestras propias historias. Si no tenemos fe en nosotros mismos, ¿cómo podemos pedirles a otros que crean en nosotros?

Como cuentista, también me atrajo la historia de Pedro porque sigue en gran medida el viaje del héroe, la icónica estructura narrativa propuesta por Joseph Campbell en su libro *El héroe de las mil caras*:

★ Un personaje empieza en un mundo ordinario en el que un día recibe un "llamado a la aventura".

★ El personaje responde a este llamado y de pronto se encuentra en un mundo de maravilla que anteriormente desconocía.

★ En este nuevo mundo enfrentará enormes desafíos, dificultades y percances, muchas veces solo (y a veces con ayuda).

★ Con el paso del tiempo, el personaje se hallará en un momento difícil —el más difícil de todos— y sentirá la tentación de rendirse por completo.

★ Ese será el momento más decisivo de la vida del personaje, el momento en el que debe tomar la decisión más importante de su trayectoria: *¿Debo continuar o debo rendirme?*.

★ El personaje que se rinde se marcha ileso (pero sin haber alcanzado su objetivo). El personaje que decide continuar tendrá que enfrentarse al más malvado de los enemigos, su némesis (que, muy a menudo, es su propia inseguridad).

★ El personaje y su némesis deben luchar hasta el final, cuando uno de ellos es finalmente derrotado.

★ Si el personaje vence a su enemigo, saldrá triunfante, ¡un verdadero héroe!

★ El héroe regresa a su mundo original, pero ahora transformado para siempre.

La historia de Pedro es tan universalmente atractiva porque sigue la trayectoria del héroe en la vida real, que demuestra que es posible alcanzar tus sueños, sin importar cuán desafiantes puedan ser o cuán inalcanzables parezcan al principio.

¡Ha sido un placer recorrer este trayecto!

UNA NOTA DE HISPANIC STAR

Cuando Hispanic Star decidió unirse a Macmillan y Roaring Brook Press para crear esta serie de biografías, nuestra intención era compartir la historia de increíbles líderes hispanos con los jóvenes lectores para inspirarlos con las acciones de esas estrellas.

Por siglos, la comunidad hispana ha hecho grandes contribuciones en los diferentes espacios de nuestra cultura colectiva —ya sea en deportes, entretenimiento, arte, política o negocios— y queríamos destacar algunos de los modelos que aportaron sus contribuciones. Sobre todo, queremos inspirar a la niñez latina a levantar y cargar el manto de la unidad y el orgullo latino.

Con Hispanic Star, también queremos iluminar el lenguaje común que unifica a gran parte de la comunidad latina. Hispano significa "que habla español" y se refiere con frecuencia a personas cuyos antepasados vienen de un país donde el español es la lengua materna. El término "latino", y todos sus derivados, es más abarcador, y se refiere a todas las personas de América Latina y sus descendientes.

Esta serie innovadora está disponible en inglés y en español como un tributo a la comunidad hispana de nuestro país.

¡Exhortamos a nuestros lectores a conocer a estos héroes y el impacto positivo que siguen teniendo, e invitamos a las futuras generaciones a que aprendan sobre las diferentes experiencias de vida de nuestras únicas y encantadoras estrellas hispanas!

CLAUDIA ROMO EDELMAN

es la fundadora de We Are All Human Foundation (Fundación Todos Somos Humanos) y Hispanic Star. Ha trabajado durante veinticinco años con instituciones reconocidas internacionalmente, entre las que se encuentran las Naciones Unidas, el Foro Económico Mundial y UNICEF. Ha liderado algunas de las campañas globales más exitosas de la última década, como Product (RED), el lanzamiento del programa Objetivos de Desarrollo Sostenible en colaboración con las Naciones Unidas, la creación de SDG Lions y la renovación de la marca de la Agencia de la ONU para los Refugiados.

Visita **hispanicstar.org** para más información.

KARLA ARENAS VALENTI

se crio en la Ciudad de México en una casa construida alrededor de un árbol. Su vida siempre estuvo llena de elementos fantásticos que incorpora a su narrativa, llevando a los lectores a realizar recorridos impregnados de realismo mágico. Karla es la reconocida autora de Lotería, de la emocionante serie de libros por capítulos Legendarios, y varios libros ilustrados. También es coautora de Hispanic Star: Selena Gomez. Las historias de Karla están profundamente influenciadas por su herencia mexicana y colmadas de ideas y conceptos que ha adquirido en sus numerosos viajes por el mundo. Karla vive en el área metropolitana de Chicago con su esposo, sus tres hijos, dos gatos y cientos de libros.

Visítala en **karlavalenti.com**.